星槎万里

——广州十三行故事

广东省文学艺术界联合会
广东省文艺研究所
粤海风杂志社
广州十三行博物馆
主编

广州新华出版发行集团
广州出版社

图书在版编目（CIP）数据

星槎万里：广州十三行故事 / 广东省文学艺术界联合会等主编．—广州：广州出版社，2021.10

ISBN 978-7-5462-3349-9

Ⅰ．①星… Ⅱ．①广… Ⅲ．①商业史—广州 Ⅳ．①F729

中国版本图书馆 CIP 数据核字（2021）第 177289 号

出品人　柳宗慧
书　　名　星槎万里——广州十三行故事
Xingcha Wanli: Guangzhou Shisanhang Gushi
出版发行　广州出版社
（地址：广州市天河区天润路 87 号 9 楼、10 楼
邮政编码：510635　网址：www.gzcbs.com.cn）
责任编辑　区力文　周　秦　李素娟
责任校对　张　苹　韦　玮
编务统筹　王莉莎
责任印制　刘雁明
装帧设计　榕汇设计
印刷单位　广州市快美印务有限公司
（地址：广州市白云区广从五路 410 号一楼 103 房、二楼、五楼部分
邮政编码：510545）
规　　格　787 毫米 ×1092 毫米　1/16
字　　数　228 千
印　　张　14
版　　次　2021 年 10 月第 1 版
印　　次　2021 年 10 月第 1 次
书　　号　ISBN 978-7-5462-3349-9
定　　价　68.00 元

广州：岭南华府，千年商都

中国，历史悠久，物华天宝，光辉灿烂，自古便吸引着世界的目光，世界渴望与中国沟通。

中国的北部与西部地区，或群山环绕，或黄沙漫漫，在交通不发达的古代成为阻断往来的天堑。而在东部地区，漫长海岸线与广阔海疆，使中国先民开启海洋活动。海洋元素是中华文明演进的重要组成部分。天然良港，每年如期而至的信风，许多可供歇脚和补给的岛屿，更重要的是连接世界的渴望，于是对外交流通道便在海上诞生了。这条通道由于以大宗丝绸为主要运输货物，被称为“海上丝绸之路”。

古代中国是一个典型的农业社会。两千多年里，一脉相承的重农抑商政策令中央政府治下的绝大多数城市都呈现出一种内敛、保守的城市特质，仅有东部沿海数个城市，如广州、

漳州、泉州、宁波、扬州等，因便利的对外海路交通而具有相对活泼的商业气氛，渐渐成长为一方都会，成为历史上海上丝绸之路的重要贸易港口。尽管与其他几个城市同为具有商业基因的城市，广州仍旧是最特别的一个。早在新石器时代，岭南先民就在南海留下了舟楫的倒影。古代岭南人民，已开辟了东南亚乃至马来群岛范围内以陶瓷为纽带的交易圈，奠定了广州对外贸易第一港的基础。

中国是海洋文明的重要发源国，也是最早开发利用海洋资源的民族之一。秦末汉初海上丝绸之路发端于南海，发祥地之一正是广州。从秦汉到16世纪，在珠江口往来的各国船只始终不绝，对外贸易及文化往来千年不断。汉代时，起码有18个国家的商船往来广州，所以说广州是中国最早的商业

城市毫不为过。唐代，广州既是中国商船出海贸易航线的起点，也是海外各国进入中国的门户，被当时的阿拉伯人称为“船舶的商埠，阿拉伯货物和中国货物的集散地”。宋元时期，广州“城外蕃汉数万家”“富庶天下闻”。拥有如此优良的商业本底，也就不难理解为何在全国实行海禁的明清之际，广州能作为官方认可的唯一对外贸易港而独享外贸专营特权。

清代十三行专门从事对外贸易。乾隆二十二年（1757 年），乾隆帝颁布上谕，只保留广州海上对欧美和亚洲的“一口通商”，开启了对外贸易辉煌的八十多年。十三行对外贸易是中国古代海上丝绸之路重要组成部分，是近代东西方交往历

海上对欧美和亚洲的“一口通商”，造就了广州的全球贸易的繁荣。图为18世纪外销画《清代广州港和广州府城长卷》。（原件藏于大英图书馆）

史的重要发生地，第一次真正将东方与西方资本主义连接起来。十三行商馆区见证了这一时期的繁荣与沧桑。

在近两百年的时间里，十三行开创了一个伟大的贸易全球化时代，造就了中国对外贸易与文化交流一个新的鼎盛时期，承载了近代中国商业经济孕育和发展，也记录了一群因文化艺术、财富而被世界记住的人的风貌。

目录

约绘于1770年的《广州鸟瞰图》，呈现了古广州城倚江而建的城市格局，越秀山城垣、观音阁、镇海楼都清晰可见。

第一章

海丝之源——东西方文明的出入口

山水眷岭南

在广州萝岗出土的春秋时期的勾连雷纹陶瓮。（原件藏于广州博物馆）

岭南，是中国版图上一块醒目的拼图，它在不同的时空呈现复杂而精彩的多样性。

岭南，又称岭外、岭表，“五岭者，天地以隔内外”。在以农为本的中国古代社会，岭南地区一直都是个性鲜明的存在。一方面，作为中原王朝的治下之地，它一直积极吸纳以儒家为代表的中原文化，使得岭南人有深厚的乡土观念；另一方面，岭南人又具有农耕族群少见的开拓和冒险精神。因而，岭南呈现的二元文化属性主要得益于其向内陆封闭、向海开阔的地理格局。

岭南，通常指五岭以南的地区。绵延在岭南北部的五岭，是长江和珠江两大流域的分水岭，也是华中和华南气候的分界线。首先在自然气候方面，就将岭南和内陆区分开来。

而从人文地理的角度来说，在漫长的岁月里，这组山脉的存在，阻隔了岭南地区与中原的交通及经济文化联系——尽管自秦代起陆续开辟了八条翻越南岭的大通道及200多条小驿道，使中原的文化技术得以渗入，但南岭群山之屏隔，仍旧使岭南地区保留着富有特色的本土文化。

岭南地区的东部和南部濒临广阔的海洋，珠江尾闾的辫状水系不仅在广东中南部堆积出了约5.6万平方千米的珠江三角洲，而且在东部沿海地区形成了八个入海口，它们有着成为良港的自然条件，仿佛陆地通向海洋的门户，因此人们也以“门”字为它们命名——虎门、蕉门、洪奇门（沥）、横门、磨刀门、鸡啼门、虎跳门和崖门。

咸淡水交汇的入海口，有着丰富的饵料和浮游生物，吸引鱼群等海洋生物在此聚集觅食，也吸引岭南先民前来渔猎。早在新石器时代，岭南先民就已经将目光从南海之滨投向更广阔的海域。《淮南子·原道》云："九疑之南，陆事寡而水事众，于是民人……短袂攘卷，以便刺舟。"《淮南子·齐俗》又云："越人便于舟。"千年以来，人们驾着平底小舟，迎着风向，追逐着鱼群，在南海经中南半岛乃至马来群岛形成了以陶器为纽带的交换圈，为岭南地域文化添上了一笔浓厚的海外贸易色彩。沟通了岭南与东南亚地区的社会经济与群族文化演进。另一方面，在历史上，岭南属于"南蛮"之地、流放之区。因中原的战乱，先后多次有北人南迁入粤。这种独特的历史进程，使得岭南地区的社会人口常常处于一种动态的结构。独特的地理环境和人口结构，共同塑造了岭南先民开放包容、开拓进取、敢为天下先的精神。这样的文化属性，也使后来海上丝绸之路的生发和广州十三行的兴起变得顺理成章。

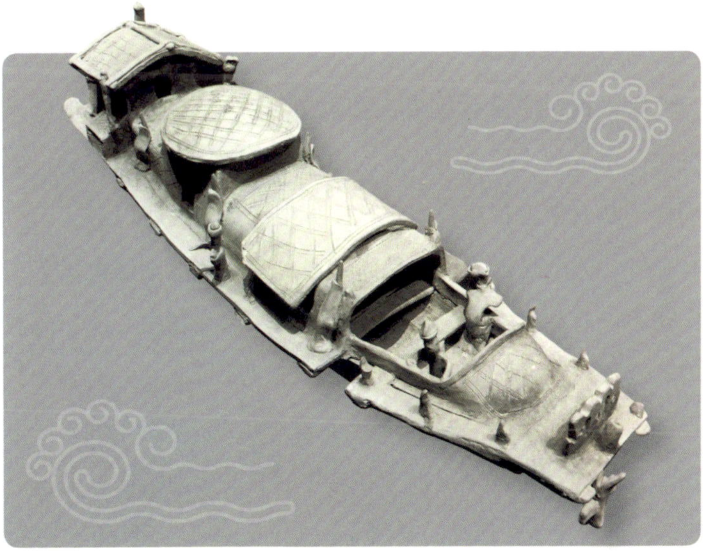

在广州沙河顶汉墓出土的东汉陶船。这是一种航行于内河和浅海岸的客货两用船。（原件藏于广州博物馆）

造化钟广州

广州是岭南文化中心，地处中国大陆南部、珠江三角洲北端，位于东、西、北三江的汇合处。广州濒临南海，背靠白云山，地处亚热带，气候温暖湿润，四季如春，繁花似锦。

秦始皇三十三年（前 214 年），任嚣和赵佗来到这里，见此地北有山岭为屏，南与江海相通且水面平阔，山海之间的高岗台地可以营建宫室，平原谷地土壤肥沃可事生产，环珠江口岸线曲折，岛屿众多，海水终年不封冻，是利于避风通航的天然良港，于是决定把经略岭南的据点定在这里。二人扩建了南武城，更名为任嚣城，广州的建城史由此开始。

秦统一岭南以后，番禺成为南海郡治，广州早期建城的历史，有任嚣城、赵佗城等，其实两者是后人以建城人的名字来称谓的，实际上他们建的城应是番禺城。任嚣和赵佗建筑番禺城，这一举措是很有战略意义的，亦为番禺成为南越国的都城奠定了基础。

任嚣和赵佗并不是唯二慧眼独具的人。在他们发现广州是块风水宝地之前，早就有人捷足先登；而在他们之后，也同样不断有来者扩建、增筑这座城池。他们之所以对这里情有独钟，完全是因为广州得天独厚的地理环境和区位优势：广州不仅有利于据守，而且处于岭南水路交通中心，控扼着内陆进入岭南乃至南海的水上要道。据明代黄佐《广东通志》记载，公元前 862 年，楚国已经在这里建城，名为楚庭郢——这是任嚣和赵佗到来之前 600 多年的事。后来，被越灭国的吴人迁入岭南，在楚庭的基础上建造了吴南武城，100 多年后，又被越国占领，史称越南武城。现在广州越秀山还有“古之楚庭”牌坊，为清代所立。

尽管目前考古学界还没有发现南武城确实存在过的有力物证，但在先秦时期，对于内陆各诸侯国而言，南武城之名可谓如雷贯耳。南武城出名不是因为它有雄厚的军事实力，而是因为它已经发展出了相对成熟的对外贸易体系。

明代学者郭棐在《广东通志·郡县·流寓》卷二十二中记载：“于是南武疆土，遂为越贡奉邑，称雄于交趾。”可见战国时期，番禺城前身的南武城已是外贸港口，且规模不小，为该地方的中心城市。从岭外迁移而至的早期“外来户”，把岭南先民留下来的海上交换活动全盘接手，并发扬光大，增加了很多贸易交换品类，其中不乏对中原地区而言相当珍贵且稀有的宝贝。

赵佗像。赵佗于秦末大乱时经略岭南，建立南越国。（原件藏于广州博物馆）

这时的南武城已经成为一个繁荣的对外贸易商港，但与之形成鲜明对比的是越国的弱小。曾在春秋末吞灭吴国、称霸一时的越国，到了战国时期已经衰落。为了得到庇护，越国经常向魏国进献大量礼物，如犀角、象牙、翡翠、珠玑、吴江楼船及会稽竹箭。其中，前四种珍宝正来自南武城的对外贸易。南武城令人垂涎的财富引起了秦始皇的关注。《竹书纪年》提到，控制对外贸易权和获取源源不断的自海外而来的珍稀货物，正是秦始皇经略岭南的目的之一。

任嚣和赵佗在岭南地区深耕数年之后，对岭南的区位优势认识得更加深刻。秦末，农民起义，天下大乱，赵佗遵从任嚣遗令封关、绝道，筑起三道防线，拥兵数十万建立南越国，自立为王。

由于北向的通道被赵佗主动断绝，中原物资无法流入，赵佗便一面开发岭南，一面积极开拓海外贸易通道，客观上为海上丝绸之路的形成奠定了基础，使岭南在西汉时期进入了一个繁荣期。当时，南越国已经可以造出宽 8 米、长 30 米、载重五六十吨的木船。每年冬季，满载着丝织物、布匹、漆器、陶器和铜器的商船乘着东北季风向南航行，可达印度洋水域，再顺着夏季的西南季风运回犀角、象牙、珍珠、玳瑁、玻璃和金银器等。

如今，我们依然能够从南越王墓出土的具有波斯风格的银盒、两河流域工艺制作的金珠泡饰、非洲原支象牙等珍贵文物中，想象出当时番禺都会的贸易盛况。

在广州中山四路发掘的秦代造船工场遗址。

天赐良港，海丝从这里起步

自秦汉时期起，广州就是中国通向世界的枢纽。如果说汉之前的海上贸易只是区域范围的“小动作”，那么在公元前 111 年汉武帝征服南越，重新将岭南地区置于中原王朝统治之后，以广州为中心的海上贸易将遥远的印度洋与广阔的中国内陆连接起来，一条突破区域局限、影响全国的贸易大通道——海上丝绸之路就出现了。

在广州出土的东汉时期的水晶玛瑙珊瑚珠串，是当时从海路输入广州的舶来品。（原件藏于广州博物馆）

丝绸之路，指的是古代连接中国西北与中亚、西亚、南亚、欧洲等地之间的陆上贸易通道，最早出自 19 世纪末德国地质学家李希霍芬所著的《中国：亲身旅行和据此所作研究的成果》一书。后来，人们把东西海上商路称为“海上丝绸之路”。海上丝绸之路主要是指从中国南方沿海地区出发，沿途经过南海、马六甲海峡、印度洋、波斯湾、红海等海域，抵达并连接东南亚、南亚、西亚、欧洲、非洲等地的海上贸易交通线。

一旦阻碍南北交通的人为因素不存在，中原的各种货物和特产便畅通无阻地自水路、陆路和海路进入岭南，再从广州、徐闻、合浦等港口转运到波斯、斯里兰卡，乃至古罗马帝国。广州亦从岭南中心城市一跃成为全国九大都会之一。司马迁在《史记·货殖列传》里特意以“番禺（即广州）亦一都会也，珠玑、犀、玳瑁、果、布之凑”指出广州是南海北岸著名的都会和舶来品集散中心。汉武帝很早就注意到番禺对外贸易的存在及其益处，平定南越后，即派船队沿着民间开辟的航路，出使东南亚和南亚诸国。班固在《汉书》中则有更详细的描述：“（粤地）处近海，多犀、象、毒冒（同“玳瑁”）、珠玑、银、铜、果、布之凑，中国往商贾者，多取富焉。番禺，其一都会也。”两千多年前，广州是缔造传奇与财富的地方，两千多年后，依然如此。

东吴黄武五年（226 年），孙权分交州置广州，广州正式得其名。此后 300 多年里，广州城虽没有明显扩大，但人口和经济却持续增长，繁荣不衰。《南齐书·王琨传》记录了一种当时民间流传甚广的说法，即广州刺史只要从城门经过，就能收得三千万钱。这足见当时广州贸易之兴盛，同时也说明当时的商品贸易主要集中在城门近水一带，方便货物交割、运输。

依山、拥江、面海，江海一体的格局，让广州得以以海为商，充分展开海上贸易。魏晋南北朝时期，广州与海外的交通往来更加频繁，已经形成了比较成熟的远洋航线，从锡兰（斯里兰卡）到广州，大约 50 天便可达。《隋书·食货志》称广州为六朝一大都会，“所处近海，多犀、象、玳瑁、珠玑，奇异珍玮，故商贾至者，多取富焉”。广州城市也进行了扩建，都市景观得以改善。

在唐代中期以前，中国对外主通道是陆上丝绸之路，之后由于战乱及经济重心转移等，海上丝绸之路取代陆路成为中外贸易交流主通道。到了宋元时期，瓷器渐成出口主要货物，因此海上丝绸之路也被称作“海上陶瓷之路”。同时由于输入商品有很大一部分是香料，海上丝绸之路也被称作“海上香料之路”。

地界岭海间的广东拥有中国最长的海岸线。作为海上丝绸之路的东方发祥地，广州的黄埔古港是最早的始发港之一。自秦汉起，从这里扬帆的船只行至东南亚、南亚甚至更远的非洲地区，不仅传递财富，也传递文化、艺术与宗教，成为中外文化交流的纽带。

在广州登峰路汉墓出土的蓝色玻璃碗，经考证，应为公元前 1 世纪产自罗马帝国的舶来品。（原件藏于广州博物馆）

“风”从海上来

广州大元岗汉墓出土的西汉陶俑座灯。陶俑深目高鼻，有明显的古西亚人种特征。（原件藏于广州博物馆）

跟随海上丝绸之路传递的不仅有商品，还有文明。物质是文明和文化的载体，换一个角度看，商品贸易其实是另一种形式的文化交流。在对外贸易中，那些精心挑选的货品，不经意间展现着一个国家或地区的技术和美学高度；而跟随商船与货物而来的人，也同样通过自己的言行举止，有意无意地传播着本国的文化。这些跟随西南季风而来的人，多数是借着使节之名为利奔波的商人，一部分是商人的随行仆从，一部分是慕名前来学习中华文化的学者，还有一部分则是肩负着传播宗教使命的僧侣和教徒。在以千年计算的岁月里，他们仿佛百流归海，不断丰富着岭南文化的内涵，塑造着广州这座城市的人文气质。

秦汉时的番禺已出现外国人的身影，广州汉墓出土的20多余件胡人俑座灯十分耐人寻味。这些本土制造的座灯上有着栩栩如生的胡人形象，表明汉代的番禺已活跃着不少来自东南亚、南亚、非洲及西域各国的人，从事奴仆或其他工作。

佛教在晋代自海上传来，第一站便是广州。

佛教自海上传入中国的时间要晚于从陆上丝绸之路传来的时间。广州是佛教从海上传入中国的初地，从东吴时起，就陆续有域外僧人乘船至此，稍作停留后继续北上。西晋太康二年（281年），西竺僧迦摩罗来到广州，建造了广州最早的佛寺——三皈寺、仁王寺；100多年后，罽宾国的高僧昙摩耶舍也泛舟至此，将东吴经学家虞翻旧宅改建为王园寺，即如今光孝寺的前身。又过了120多年，禅宗初祖达摩从南天竺来到广州，他在今下九路北西来正街一带登陆，后来这里就被称为西来初地。他又建造了一座佛寺——西来庵，就是现在的华林禅寺。

一些中国的高僧也选择从广州扬帆出海求法。唐代高僧义净仰慕法显、玄奘西游，于唐咸亨二年（671 年）一行五人从广州出海，用 25 年游历 30 余国，求回经书 400 部、舍利 300 颗。历代高僧的北上弘法和出海求法，强化了广州在佛教传播中所起的沟通内外的桥梁作用，也为广州留下了丰富的佛教人文景观。

唐初，伊斯兰教从海上丝绸之路传入广州。唐代广州外国侨民甚众，为外国宗教的传播奠定了良好的社会基础。伊斯兰教是 7 世纪初阿拉伯半岛麦加人穆罕默德创立的，居住在广州的阿拉伯人不仅是伊斯兰教的主体信众，也是海上丝绸之路最为活跃的商人，因此伊斯兰教在包括中国在内的海上丝绸之路沿线国家的传播，主要由商人完成。他们的生意做到哪里，宗教就传到哪里，方式比陆上传播温和得多，较容易被当地人接纳。

《羊城古钞》记载："唐开海舶，西域回教默地那国王谟罕默德遣其母舅蕃僧苏哈白赛（即阿布·宛葛素）来中土贸易，建光塔及怀圣寺。"每逢节日，番长就要带领穆斯林到怀圣寺做祷告，"宣讲教义，并为穆斯林的苏丹祷告"。怀圣寺是中国第一座清真寺，迄今仍是广州文化地标之一的光塔是全世界现存清真寺中年代最古老的邦克塔，也是中国伊斯兰教第一塔。苏哈白赛逝世后葬于今解放北路桂花岗，墓葬至今留存，是知名的伊斯兰古迹，即清真先贤古墓。

基督教传入中国的时间与伊斯兰教差不多，大约也是在唐初，只是与佛教和伊斯兰教相比，影响力较弱。等到 15 或

16 世纪之后，特别是随着地理大发现及欧洲的崛起，基督教才渐渐广为人知。最早传到中国的基督教分支是聂斯托利派，主要盛行于叙利亚、波斯等地，传入中国后被称为景教。

阿罗本是第一个到中国传教的基督徒。唐贞观年间，阿罗本从叙利亚出发，越印度洋，入太平洋，经海上丝绸之路抵达广州，又于贞观九年（635 年）来到长安，受到朝廷欢迎。此后，他开始建寺传教，并一度在高宗时期被封为“镇国大法主”。这以后便陆续有景教徒自陆路、海路来到中国，其中经海路而来的景教徒多聚居于以广州为中心的岭南地区，岭南成为该教北上传播的根据地。

在广州光孝寺大佛腹内发现的唐代罗汉坐像。（原件藏于广州博物馆）

17世纪荷兰画家的画作，内容为在珠江眺望广州城。早在唐宋时期，以广州为起点的“海上丝绸之路”，已长达1.4万千米。

第二章

广州城市水网的变迁以及走向世界的『广货』

广州城的扩张

假如拿着今天的地图去尝试理解广州在海上丝绸之路的历史地位，不免会产生迷惑：今日的广州主城区远离海洋，怎么会成为享誉世界两千多年的贸易大港呢？这要归功于自然。在自然之手的造化下，广州一直在变，又始终未变。

广州地处环珠江口北部，六千年前，这里还是一片浅海，白云山、越秀山等像是点点浮丘。在西江、北江和东江等河流堆积作用的共同塑造下，这里出现了将白云山和越秀山连在一起的陆地，到了两千多年前，人们在陆地上建起一座名叫南武城的小城池——这就是广州早期的模样。

当时，越秀山以南依然是大片海水，与宽阔的珠江江面连成一片。今天广州城内地势低平的越秀、荔湾、海珠、天河等区域，当时大部分还沉在海底，后来随着时间的推移才从水中慢慢显露出来，组成广州的轮廓。

唐代之前，广州城是单城；到了唐代，随着经济的发展和人口结构的复杂化，整个城市需要有更加清晰的功能划分以便高效管理。因而，唐代广州在三国步骘城的基础上，将城南珠江新淤成的平原纳入，从南向北分为南城、子城和官城。南城濒江（岸线在今一德路、万福路一线），船只停靠于此，既是货物进出的码头，也是商业中心区；子城即步骘城，是主要的生活居住区域；官城为官衙机构所在地（今省财政厅一带）。一条南北向的主干道从刺史署直通江边（即如今的北京路），江边有广阳馆，主要用来接待各地官员和各国使者；又有一条东西向的主干道与北京路相交，横穿全城（即今中

在广州西村出土的晋代铭文墓砖，首次出现了“广州”一词。（原件藏于广州博物馆）

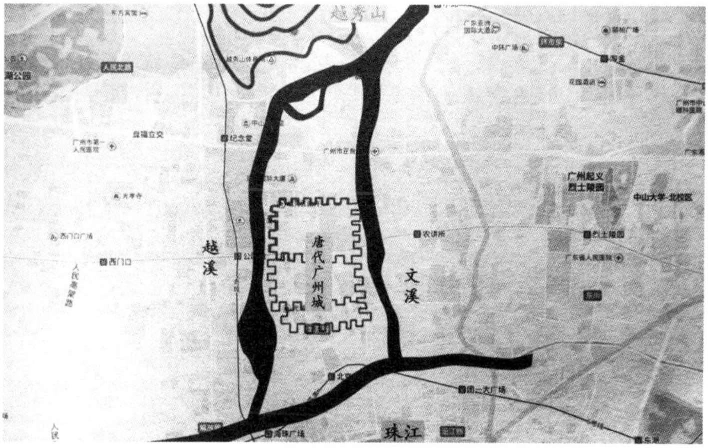

唐代广州城格局图。（原件藏于广州博物馆）

山路）。当时，官员和使者自城南码头下船，沿着南北主干道穿过三重城，所见之处皆为繁华景象。

两宋时期城市的商业化程度很高，本就具有浓厚商业基因的广州在这个时代如鱼得水。尽管在南宋后期，第一大港的地位被泉州暂代，但并不意味着广州对外贸易的衰落，相反，由于商贸的发达，广州城在五代南汉城的基础上进一步扩大了。这个时期的珠江江面已显著缩小，东关和西关所在地逐渐露出水面，因此，熙宁元年（1068 年），广州先于子城东扩筑东城，五年后又向西连通番坊形成西城，成三城并立之势，城市结构进一步复杂化。不仅如此，宋代工商业的发展、生产技术的进步和对珠三角的进一步开发，促使广州周边形成了八个卫星城镇，分别是大通镇（今花地大道滘口）、瑞石镇（今穗石）、平石镇（今谢村东南胜石坊附近）、猎德镇（今猎德村）、大水镇（今河村附近）、石门镇（今石门村）、白田镇（今西关丛桂里附近）、扶胥镇（今庙头村，即南海神庙一带）。

隋唐时期的东方第一贸易大港

隋唐时期，广州是一个手工业发达的地区，冶矿、纺织、陶瓷、制盐、造船等行业在全国占有一定地位，有些产品远销海外，为“广货”外销开启良好的开端。

隋唐时期又一次鼎定的大一统局面，为丝绸之路发展提供了时代背景。后来由于北方战乱迭起，特别是中唐以来的“安史之乱”，让陆上丝绸之路被阻断，海上丝绸之路迎来再次辉煌。各国海船汇聚，使广州成为当时中国第一大港。

唐代是中国古代海外贸易发展的重要机遇期，其主要标志是中央政府在广州创立了市舶贸易制度。得益于海上丝绸之路的发展，广州成为唐代四大港口（广州、泉州、明州、扬州）之一，与扬州、汴梁并称全国三大商业城市。每年从海外来此做生意的商船达4000多艘，一到舶期，每日可征得高达15万两白银的税收（以清末白银计）。

商业的繁盛推动了城市建设与市场制度的改变。由于往来朝贡或经商的商船实在太多，唐显庆六年（661年），中央政府在广州创设市舶使一职，由宦官担任，总管海路邦交外贸，这是中国最早的对外贸易管理职位，也是宋、元、明三代一脉相沿的市舶司前身。当时市舶使的主要职责有：（1）向前来贸易的船舶征收关税；（2）代表宫廷采办一定数量的舶来品；（3）管理商人向皇帝进贡的物品；（4）对市舶贸易进行监督和管理。市舶管理机构称市舶使院，附属机构有海阳馆，是接待外宾的皇家驿馆，故又名岭南王馆，设施齐全，极为豪华。唐代广州海外贸易确立的这套全新的市舶管理制度与经营方式，为后世所沿用，在中国外贸史上具有划时代意义。

唐代是中国封建社会对外交流的高峰期，也是风气高度开放、文化高度包容的时期。有别于明清时期的“闭关锁国”，唐朝很欢迎外国人的到来，据《新唐书·地理志》记载，当时进入大唐疆域的通道一共有七条：“一曰营州入安东道，二曰登州海行入高丽、渤海道，三曰夏州塞外通大同、云中道，四曰中受降城入回鹘道，五曰安西入西域道，六曰安南通天竺道，七曰广州通海夷道。”

“广州通海夷道”就是唐宋时期的海上丝绸之路，也是当时世界上最长的航线。加上这时的造船术和航海术有了长足发展，远洋航线被不断拓展与延伸，海上丝绸之路空前繁荣。

创建于隋开皇十四年（594年）的广州南海神庙，又称波罗庙，位于广州市黄埔区南岗镇庙头村。

它以广州为起点，长达 1.4 万千米，从今香港新界的屯门港驶向外海，经东南亚、印度洋北部诸国、红海沿岸、东北非和波斯湾诸国等 30 余国，抵达奥巴拉港和巴士拉港，再换乘小船沿幼发拉底河辗转至阿拉伯帝国首都（今巴格达）。广州海外通商区域也比前代扩大，10 世纪阿拉伯地理学名著《黄金牧地》称："中国之船直航瓮蛮（即阿曼）、波斯湾畔之西拉甫港、八哈剌因、俄波拉、巴斯拉等港，而以上诸港之船舶，亦直接航至中国也。"

唐代来广州进行贸易的国家数以百计，唐代鉴真和尚曾描绘当时在广州亲见的商船林立景象："江中有婆罗门、波斯、昆仑等舶，不知其数，并载香药，珍宝积载如山。舶深六七丈。狮子国、大食国、骨唐国、白蛮、赤蛮等往来居住，种类极多。"

唐代黄釉胡人俑。唐代的广州，人口结构具有明显的国际化特点，番人约 12 万。（原件藏于广州博物馆）

在众多前来贸易的外国商人中，不乏在广州定居并落地生根的。早在南北朝时期，就有阿拉伯商人居留广州，到了唐开元年间已经繁衍至第五代，当时广州的人口结构具有明显的国际化特点。据统计，唐代广州番人约 12 万。唐朝政府对于外国人管制颇为严厉，不许他们随意在城内活动，更担忧华夷杂处，容易勾结，因此在广州城以西临近珠江之处辟出番坊供番商居住，范围大抵为今东至解放路，南达惠福路和大德路，西抵人民路，北到中山路。番坊中居住的大部分是信仰伊斯兰教的阿拉伯人。他们在番坊建造了清真寺——怀圣寺，寺中建有光塔，光塔通体光滑洁白，久之被当作引航灯塔，指引着来往船只。由于定居下来的番商不少，"外来娃"的教育也成了朝廷关注的问题。唐宋时期广州特意开办了番学，专门招收外商子弟入学，一时间，"诸番之遣子弟，仰承乐育者，相望于五服之南"。由此可见，广州开办国际学校的历史，

最少可以追溯千年，广州的开放性可见一斑。

作为当时世界上最著名的港口之一，唐代广州交通设施与管理制度相当完善，在水陆交通要道，一般都设有水驿或陆驿，为行旅提供服务。广州对外交通北可至长安、洛阳，东可通闽、浙、淮海，西可达岭西、川、黔，南可直航海外诸国，形成四通八达的交通网络，无远弗届。

唐代广州的港口建设和规划也值得一提。当时广州城已经发展出内港码头和外港码头进行分流。

内港码头有坡山码头和兰湖码头（今流花湖一带）。坡山码头即如今的惠福西路五仙观所在地。汉唐之际，坡山是一座海拔约 20 米的丘陵，其西为珠江，由于水面太过浩荡，当时被称为“珠海”，也叫“小海”，与“大海”狮子洋相对。坡山码头由怀圣寺光塔引航，主要用来停泊外国商船。

外港码头也有两个，分别是在今香港新界的屯门码头和今黄埔庙头村的扶胥码头。从广州驶离的商船，在两个外港码头做最后的补充之后，便要驶向茫茫大海。扶胥码头位于东江与珠江汇流入海处，是古代商船进出广州的必经之处，隋文帝时期这里已经建有海神庙，供中外商人虔诚朝拜，祈求海神保佑航路平安、生意顺利。开皇十四年（594 年），隋文帝下诏在今广州黄埔庙头村修建南海神庙，广州作为第一对外贸易大港的地位进一步得到官方的认可。自唐以来，历代均设有专人管理庙事，选派官员到南海神庙举行祭典，留下了不少珍贵碑刻。这些碑刻被称为“南方碑林”，足见南海神庙的重要性。南海神庙已有 1400 余年历史。每年农历二月广州人都会在此举行庆贺南海神生日的庙会，称为“南海神诞”或“波罗诞”，可作为古代广州发达的海上贸易交通的一段生动注脚。

两宋广州水系网络的演进

在广州古代城市发展史上，宋代是一个辉煌的时期：延续至明清的城墙基本格局是在北宋奠定的；民国时仍广为人知的城市供水和排水系统六脉渠，也是宋代出现的名称。

北宋时期全国已有1亿多人口，生产总值占全球60%，社会风气相对宽松，市民文化空前发达，城市各种娱乐消费活动种类繁多。在这样的大背景下，广州对外贸易持续发展也带动了内需的增长，除了珠江边林立的货栈和商船，商人们沿着城市水网，将商铺开到了城里。

在此之前，广州城的水网结构相对简单，主要由源自白云山的甘溪被引入城后形成的东西两个支流构成。东支称为文溪，流经今小北路、仓边路汇入珠江；西支流经今教育路、西湖路流入西湖，再汇入珠江，与兰湖、洗马涌、文溪蓄水湖等大致构成了当时城内水系的框架，所发挥的主要作用一则作为城市居民的主要饮用水源，二则作为城市陆路交通的补充。

宋代胡人俑。（原件藏于广州博物馆）

在宋代，广州是中国最繁忙的港口城市之一，大批舶货由此运往各地。进出口商品市场仍旧集中于广州城西部的番市中，交易方式多种多样，既有用金银铜钱交易的，也有以物易物的，还有赊买赊卖的。内外商贸推动了广州城市规模的大飞跃，原有的水网交通体系已经无法满足城市剧烈扩张后产生的新需求，内外贸易的繁盛需要更加完善的水运网络系统相匹配，从北宋大中祥符三年（1010年）起，广州在南汉水网的基础上，构建了六条南北向的水渠，这六条水渠便

是宋代的六脉渠，与东西两濠和城南的玉带河相连，再汇水流入珠江，形成了由六脉渠—内濠—珠江组成的三级水系。

新的水系网络让水运交通变得更加便利，也使广州的商业贸易更加依赖水道。沿着各条内濠，广州城内形成了不同商业街市，陆路与水路共同划分出更细小的商业街区，以获得更多的临水面和更加便捷的陆上交通。彼时，大船自外洋驶入，在西澳、东澳口停靠后，船上的一些货物由小船分装，灵活穿梭于城内各处，转运速度极快。

六脉渠的兴建和城市水网主要功能的变化，让广州的城市格局也悄然发生改变。例如两宋时期广州开辟了很多城门，为的是方便船只进出。宋西城外是西澳码头，所以这里开了七个城门，分别叫航海、朝宗、善利、阜财、金肃、和丰、就日（亦有文献记载另有威远、素波二门），直观反映了当时的对外贸易情况。

西濠是贸易船只进出的主要水道，水脚码头多，由北向南形成第一津、第二甫、第三甫……一共十八甫，是西关最早的商业区。直到如今，这一带仍保留着不少专业的货栈和批发市场。

东濠东段到东濠口段常用于停泊外洋船只。南濠和玉带濠是宋代广州最繁荣的地点：南濠一带有大市街、麻行街、玛瑙巷、象牙巷、米市街，以交易高端奢侈品为主；玉带濠则是有名的娱乐消费场所，《广东新语》曾载其“日费数千万金。饮食之盛，歌舞之多，过于秦淮数倍”。

在宋代，广州市舶贸易制度又有了新的发展。海外交通的扩展导致由海路来广州贸易的国家和地区的增加，贸易规模的持续增长和市舶贸易管理制度的改进则彰显着海上丝绸之路东方首港的荣耀。

广州城市水网的扩大，以及海外航线的延伸、改进与增加，直接导致广州与海外各国、各地区联系的加强与扩大。成书于南宋宝庆元年（1225 年）的《诸蕃志》条列了近 60 个国家和地区的名字，其中除倭国（今日本）等极少数国家外，绝大部分地处与广州关系密切的亚洲东南部地区。

宋代广州的都市经济呈现出丰富多彩的面貌，在南来北往的货流中，进出口商品仍占主导地位，这些商品种类丰富，既有陶瓷、金银、丝绸、凉伞、酒、糖等大宗出口商品，也有出口量较小的骡马和价格高昂的洪钟、铜瓦。

宋代经广州销往海外的商品中，瓷器占据首要地位。宋代不仅是我国瓷器发展史上的一个重要阶段，也是广东瓷业发展的鼎盛时期。广东瓷窑不少，规模较大的有潮州笔架山、封开都苗、广州西村窑和惠州白马山等。

由于海外需求量大，尽管广州本地没有烧制瓷器所需的瓷土、燃料，烧窑技术更无法与其他名窑相比，从事海上贸易的商人为了减少运输成本、获取更大利润，还是在广州设窑仿烧其他名窑的产物，这就是西村窑，位于今广州西村体育场内（增埗河东岸岗地上）。

宋代青白釉军持，为当时的阿拉伯商人定制，于宗教仪式中净手所用。（原件藏于广州博物馆）

西村窑的一大显著特点是大量仿制当时的名窑产品，包括河北磁州窑、浙江越窑、陕西耀州窑、江西景德镇窑与吉州窑、福建建窑、湖南长沙窑等，几乎所有的名窑产品都可以在西村窑找到仿品。1956 年于佛山发掘的一座龙窑遗址出土了青釉、青白釉、酱釉、绿釉等各类釉色的瓷器，器类多达 40 多种，足见其当时的生产规模。广州生产的高仿品数量巨大，在东南亚和西沙群岛海域多有发现，至今菲律宾、印尼等地还有传世品。

岭南本地出产不少香料，海外贸易又输入了许多外国香料，于是香料加工业便在广州应运而生。海外进口的香料中，部分已经加工合成，很受中国市场欢迎，广州也出产这类香料的仿制品。

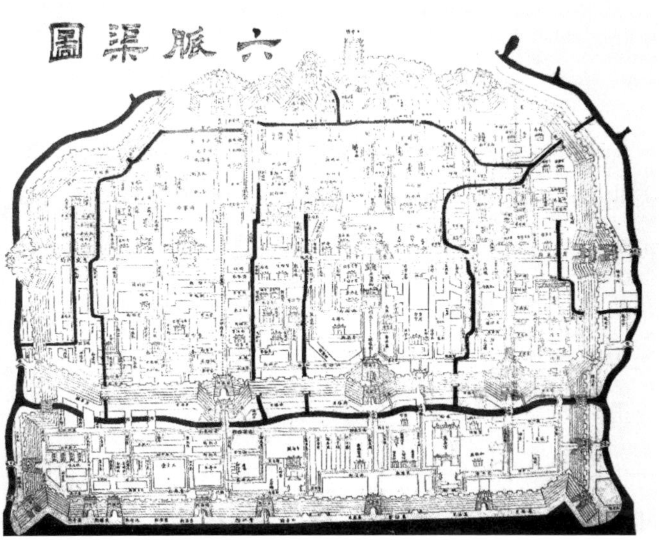

“六脉皆通海，青山半入城”，广州在宋代进行了轰轰烈烈的城市开发建设：一是兴建了东西两城；二是开挖了六条排水、防洪，兼可防火、通航的大水渠，即六脉渠。六脉渠是宋代以来广州城的主要水系网络，它的分布与走向，大致上分成“左三脉”和“右三脉”。

第一脉，从越华路向南流经华宁里、吉祥路、七块石、中山五路、南朝街、教育路，至仙湖街，穿城出南胜里入玉带濠。第二脉，文溪自城隍庙分南北二支，南流经长塘街，由贤思街出城入玉带濠；北支经豪贤路与另一支从大石街来的水道汇合，从越秀桥出铜关，流入东濠。第三脉，从东华里南流至越秀北路，折入东濠。第四脉，从人民公园西侧，经雨帽街、桂香街、马鞍街，由孚通街前出城入玉带濠。第五脉，从六榕寺至中六电脑城附近分南北流，南流经擢甲里、光塔路，由大水关（西澳）出城入玉带濠；北流经豆腐巷、海珠北路，与来自三元宫的另一支水道合流，由北水关出城，流入西濠。第六脉，从光孝寺向南，流经纸行街、诗书街，折向城西，由小水关入西濠。

元代水陆大物流：从元大都到波斯湾

元代拥有中国古代最辽阔的疆域，对商品交换依赖较大，因此元政府重视发展交通和商业，对内重新疏通大运河，重视造船等技术，积极发展陆海对外贸易。为了提高运输效率，元代重修的京杭大运河打破隋唐运河东西走向格局，直接贯通中国南北方，并开辟海运航线，构建了水陆联动的物流大通道。

这条国际级贸易大通道的核心枢纽是元大都，向北通过陆上丝绸之路连接起中亚、印度、阿拉伯地区及欧洲西部；向东、向南通过漕运与海运将扬州、宁波、泉州、广州等港口城市连接起来，再通过东海连接高丽、日本和琉球群岛；通过南海出发的航线连接东南亚、南亚次大陆、阿拉伯半岛、非洲东海岸及马达加斯加。当这条通道被彻底打通之后，在宏观视野下，处于大通道各节点的城市间物资流转变得更加快速和顺畅，带动了城市商业的发展。广州当时与 141 个国家和地区有贸易往来，占了全国对外交往国家和地区总数量的64%。

得益于广袤版图，元代在全国建立了空前完善的水路交通系统。宋代广州地区馆驿递铺36处，元代至少增至54处。完善的水陆交通成了元代广州经济文化发展的重要条件。

广州市舶的收入，在元代也颇为可观，称广州“岁时蕃舶金、珠、犀象、香药、杂产之富，充溢耳目，抽赋帑藏，盖不下巨万计”。（吴莱：《南海山水人物古迹记》，《渊颖集》卷1）元代市舶司制度以宋代制度为基础，又有所改进和发展。元代基本去除了宋代已逐渐萎缩的进口商品的专卖制和官市制度，有利于市舶贸易的发展。广州川流不息的中外商潮使富商巨贾借以发财，佣夫裨贩凭以资生。闲暇之余，商民还可享受广州充满魅力的都市生活。

明清“广货”畅销全球

广州地区河道密集，秦汉以来水运交通历久不衰。到了明清时代，广州的水运航线或经疏浚，或予新辟，使水运成为当时连接内外的主要交通运输方式。广州不仅通过东江、西江、北江及其支流实现与珠江三角洲地区各县之间的联系，而且也沟通了与省内其他地区以及与外省的联系。

明代，据洪武三年（1370 年）设置泉州、宁波市舶司的规定：“广州通占城、暹罗、西洋诸国。”嘉靖元年（1522 年）又规定：“广东船舶往诸番，出虎头门，始入大西洋分东西两路，东洋差近，西洋差远。”由广州启航，经澳门出海，形成三条与许多国家交往的航线：第一条是广州至东南亚航线；第二条是广州至欧洲航线；第三条是广州经菲律宾至拉丁美洲墨西哥航线。清代实行广州“一口通商”政策，全国的对外贸易大部分集中在广州进行，并由政府特许的“十三行”商人处理对外贸易事务。这个时候，广州的海外交通又有了新的发展，其中主要的是开辟了中美之间的两条航线。

在鸦片战争爆发以前，广州已经形成了四通八达的海运航线，以广州为起点的海上丝绸之路向全球扩展，实现了广州与世界的海上运输大循环，从而使广州成为东西方之间的贸易中心。中国与世界各国的经济文化交流规模宏大，影响深远。当时来广州进行贸易的国家主要有英国、荷兰、葡萄牙、意大利、德国、法国、西班牙、挪威、瑞典、美国等，几乎遍布世界各地。

明清时期，广州地区经济持续增长，农业生产水平迅速

18世纪的画作：《远眺珠江》。在鸦片战争以前，广州已经形成了四通八达的海运航线，世界各地的商船汇集珠江口岸。

提高，土地垦辟加快，经济作物种植面积扩大，出现农业商品化和专业化生产区域。广州农业跃居全国先进行列，以广州为核心的珠江三角洲地区的经济发展水平或可与长江三角洲地区媲美。随着商品性农业的兴盛和手工业生产的发展，广州产品迅速崛起，数量多，质量好，随之形成“广货”的概念，以前所未有的速度推广到全国各地，并进入海外市场。

当时，广州销往国内外的商品种类是相当多的，数量是相当大的。正如屈大均在《广东新语》中所说：“广州望县，人多务贾与时逐，以香、糖、果、箱、铁器、藤、蜡、番椒、苏木、蒲葵诸货，北走豫章、吴、浙，西北走长沙、汉口，其黠者南走澳门，至于红毛、日本、琉球、暹罗斛、吕宋，帆踔二洋，倏忽数千万里，以中国珍丽之物相贸易，获大赢利。”上述这些产品迅速进入海内外贸易市场，使“广货”享有国际声誉，法国国王路易十四、美国总统华盛顿、奥地利王室等都在“广货”的顾客名单中。“广货”风靡全球，为十三行的崛起和近现代广州的对外贸易打下了良好的基础。

绘于15世纪30年代的《郑和航海图》。

第三章 地理大发现与十三行的先声

15—16世纪的西方：地理大发现

15世纪，东西方不约而同地将目光投向了海洋，地理大发现时代（亦称“大航海时代”）来临。明永乐三年（1405年），郑和受命率领庞大的船队，从江苏刘家港出发，首次下西洋。15世纪下半叶，迪亚士、达·迦马、哥伦布、麦哲伦等人开启了西方的地理大发现时代。

16世纪，欧洲开始从封建社会向资本主义过渡，资产阶级开始萌芽，经济得到了巨大的发展。随着经济的进步，西方国家渴求更多的货币投入生产，以便进行商品增殖。十字军东征和《马可·波罗游记》使西方商人和新兴资产阶级对富饶的东方产生了浓厚的兴趣。

对于整个世界而言，15—16世纪是变革的时代。15世纪之前，世界上的大部分财富集中在亚洲，经济中心也集中在中国、印度、波斯等老牌文明古国；15世纪开始，被当时的古罗马帝国视为弱小、偏远、荒蛮的不列颠群岛及西欧其他地区，在结束了漫长的中世纪、迎来文艺复兴之后，开始兴起近代科学技术和资本主义，成为现代军事、政治、经济、文化发展的摇篮。15世纪上半叶，西欧诸国怀着对富庶、神秘的东方的向往，怀着探索与征服的目的开启了地理大发现时代。随着新大陆的发现，世界格局发生了剧烈变化，这一变化投射在全球贸易网上，是新航路的开辟及殖民主义的登台。沿着海上丝绸之路而来的商船主人已经发生改变，但古老的中国却浑然不觉，甚至由于明代实行的“海禁”政策，主动让出了海上丝绸之路的主导权。

1453年，奥斯曼土耳其帝国打败拜占庭帝国，标志着欧洲中世纪结束。兴起于14世纪末意大利的文艺复兴因此席卷整个欧洲，推动了科学技术和地理知识的进步，促使欧洲全球观点的形成。此时，奥斯曼土耳其帝国控制着传统海陆丝绸之路节点并课以重税，导致从东方来的货物不仅数量减少，而且运到欧洲后价格上涨8—10倍。为了寻找绕过地中海直达印度和中国的新航路，由此开始的地理大发现，改变了世界格局。

1492年，哥伦布希望找到一条通往东方的新航路，却意外地发现了美洲新大陆；1498年，达·伽马成功开辟了到达印度西南部卡利卡特的新航路；1519年，麦哲伦受西班牙委托，寻找向西通往香料群岛（印度尼西亚地区）的贸易路线，完成了人类历史上的首次环球航行。在西方冒险者一次又一次的努力下，1517年，葡萄牙人首次到达广东大门岛，并于1553年获得澳门居住权。这一切都暗示着，以中国为中心的海上贸易模式改变了。

郑和下西洋和地理大发现正处于东方古老文明没落和欧洲近代文明崛起的节点。郑和曾预言：“欲国家富强，不可置海洋于不顾。财富取之海，危险亦来自海上。”地理大发现促进了东西方文化、经贸的交流，催生了殖民主义和自由贸易的出现，奠定了欧洲快速繁荣的基础。

海禁：片板不许下海

在欧洲人努力探索世界空白区域的时候，中国却在 14 世纪中叶开始实施严厉的海禁政策，导致海上贸易大幅萎缩。明初禁海令的产生背景较为复杂，概括而言，一是明朝统治者认为农业是国之根本，故而重农抑商；二是朱元璋与张士诚、方国珍争天下的时候，江浙沿海一带百姓及泉州外国商团曾支持后两者，且朱元璋立国后，张、方余部逃至海上，不时骚扰东部沿海地区，让明政权颇为忌惮；三是当时东南海疆日本海盗（倭寇）十分猖獗，但明朝的主要精力放在严防退回草原的北元势力，无暇顾及海防；第四，海禁是朱元璋推行的一系列强化中央集权与君主专制政策的一环。几个因素结合在一起，使得1368年明朝甫一建立，便立刻实施海禁政策，并多次颁布诏令，强调“片板不许下海”。

明代的海禁，主要禁止的是民间出海贸易，即走私。然而江浙、福建、两广沿海一带居民长久以来靠海吃饭，禁令虽严，也难免有胆大敢冒险者。自洪武初期颁布禁令起，每隔几年，朝廷便会严厉重申，足见走私始终未绝。朱元璋认为，如果没有市场，就不会有走私，故又下诏禁止民间交易、使用舶来品。两广地区盛产香木（沉香），但当时内陆地区所用的香木多来自海外，为防止海外香木假借两广香木之名进入内陆市场，明朝甚至规定两广地区的香木仅限于本地使用，不允许销售到外地，这对两广的商业造成了不小的打击。

除了禁止民间海外贸易行为，明初还禁止渔民入海捕鱼，并规定将渔船统统改造成为无法进行远洋航行的平头船，以防与倭寇和海上反明势力勾结。终明一朝禁海令虽有几次缓和，但总体以禁为主，辅以严苛的刑罚律令，反而“民贫而盗愈起”，海盗成为明代海防最大的一个问题。

由于明初北疆尚未稳定，所以面对东南海疆的倭寇海盗，明政府采取的是消极防御策略，将防线收缩在沿海港口。明代的海防之强历代罕见，然而却失去了对环中国海贸易网络的控制权，海盗屡禁不止。明政府一方面采取征船户为军的办法，控制了沿海通海骨干分子；另一方面广置海防卫所，派驻重兵，严行稽查，断绝了正常的民间海外贸易的可能性。即便“隆庆开海”令海禁稍宽，民间可以凭借官府颁发的“由引”（即许可证）出海贸易，但由于海盗猖獗，人财两失、血本无归的风险很高。这个时候的海盗，已不仅是中国沿海乱民和倭寇，还有来自欧洲的所谓航海家。1600 年，荷兰航海家范鲁特抢劫过一艘前往马尼拉的中国帆船；1605 年，英国米奇本爵士也对一艘中国帆船进行了洗劫。在已经存在了上千年的海上丝绸之路，中国的活跃度越来越低。

显然，海禁对明朝财政和沿海民生、安全都产生了不良影响。倘若进一步将其置于历史的高度和世界的广度去审视，会发现这项举措对中国的近代化发展都将产生长远的消极影响。例如，沿袭明代的海禁政策，清代更进一步实施闭关锁国政策。长期以来，通过海上丝绸之路销往海外的商品中，以丝织品和瓷器最受欢迎，旺盛的出口需求客观上促进了手工业作坊的产生和发展，然而，明代对外贸易的萎缩，导致已经在元代活跃的外向型工商业终明一代都没有太大发展。尽管如此，我们仍不能片面地认为海禁是明政府短视下的决策，恰恰相反，这可能是明朝在当时的局势下的最优选择。

明代画家仇英的《抗倭图卷》(节选)，生动呈现了倭寇对沿海居民的危害。

郑和七下西洋：“上国”最后的辉煌

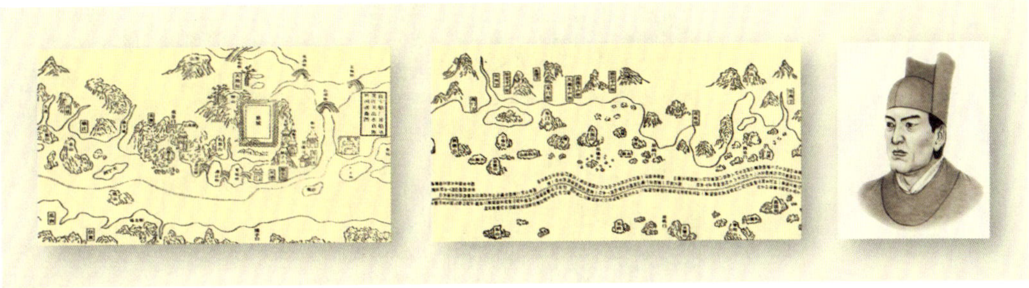

郑和像和绘于15世纪30年代的《郑和航海图》。图中记载了郑和最后一次下西洋的路线：以南京为起点，顺江而下，出长江口后沿海岸南下，沿中南半岛、马来群岛海岸，穿过今马六甲海峡，经锡兰山（今斯里兰卡）到达溜山国（今马尔代夫）。

1405—1433年，当欧洲即将走出中世纪之时，中国正在进行一项世界壮举——郑和七下西洋。这不仅是中国古代规模最大、船只和海员最多、历时最久的有组织的海上航行，也是地理大发现之前世界上规模最大的航海活动。

明代初期，农业和手工业有了极大的发展，冶矿、纺织、陶瓷、造纸、印刷等方面都比以前有了不同程度的提高。此外，元末时江南地区已有相当规模的海船建造业，到明初更建立起规模庞大的官营造船业，除南京宝船厂外，在苏州、松江、镇江等地均设有官厂。这时，广州等沿海的大都市发展得十分繁荣，中国的丝织品、瓷器受到西洋诸国的欢迎。

永乐三年（1405年）六月，明成祖朱棣派郑和为使者，率领一支船队驾驶62艘宝船，配置中等的马船和较小的粮船、坐船和战船，总共200多艘船舶，浩浩荡荡，从苏州太仓浏家河出发，经过福建沿海南下。

郑和下西洋船队的规模之大是十分惊人的，统领下西洋船队的人数也是令人叹为观止的。据《明史》记载，郑和首

明代画家仇英的画作《南都繁会图》（局部），呈现了大明永乐年间都市的繁华与兴盛。

次出航率领大小船舶200余艘，官兵27800余人。不同于哥伦布和麦哲伦以殖民扩张为目的的航海行为，郑和下西洋是明朝彰显国力、宣威海外、招徕贡使的政治与外交行为，这样的使团亦不止郑和一个。例如1402—1424年，明政府先后派出62个使团到东南亚各国，接待了95个回访使团，永乐年间曾出现过16国遣使1200人同时来华的盛况。

然而，希冀四海宾服的远洋航行注定无法持久。郑和七次出海，30年间到达30多个国家和地区，足迹远至东非和红海，但在经济方面并没有让中国有所获益，反而花费巨大，因此明成祖之后，在多方反对下很快便停止了。加上海禁的钳制，中国帆船从此退出印度洋，靠着朝贡贸易的维系只在马六甲以东海域活动；而苏门答腊岛以西的印度洋航路，已经是欧洲各国的海上角逐场了。

朝贡贸易：盛极将衰的来朝

民间商船在海上丝绸之路渐趋绝迹，官方主导的朝贡贸易随之兴起，活跃于东南亚诸国之间。朝贡起源于先秦，到隋唐已初具规模，宋元时更加完善，明代达到顶峰。

所谓朝贡，通常指古代藩属国或海外使臣朝见宗主国或所在国君主，并敬献礼品。历来统治者都喜欢将此作为国力强盛的证明。儒家主张以“仁”为本，“克己复礼”，天下归仁，四夷来朝。朝贡贸易制度是儒家天下体系理想状态在空间上的延伸。朝贡体制既是中国与周边国家间表示政治臣属关系的形式，又是两国官方贸易的形式——通过两国间的朝贡与回赠，交换两国的特产和物品，进行以物易物的贸易。

明代不允许民间私自通海，于是中央政府将贸易系统和朝贡制度结合在一起，创制了朝贡贸易——明代唯一合法的对外贸易形式，兼具政治和经济双重意义。明成祖朱棣尤其青睐朝贡贸易，不仅下令在广州、泉州（后移至福州）、宁波设置市舶司以方便贡使附带的货物交易，还在三地分别设置了怀远驿、来远驿和安远驿接待各国贡使及随员。

15 世纪前期，随着郑和下西洋及对印度洋的巡航，以及朱棣对北方蒙古势力的扫荡，朝贡体系达到巅峰，向明政府朝贡的国家和部族一度达到 65 个。

当时明政府规定，广州接待占城、暹罗、满剌加、真腊等西洋诸国贡使，泉州接待琉球群岛贡使，宁波接待日本贡使。广州是指定贡舶靠岸数最多的港口，因而怀远驿的建筑规模十分宏大，有房舍120间。到了嘉靖年间，由于倭患严重，福建、浙江的市舶司都被撤销，仅保留了广州市舶司。

明成祖朱棣，明朝第三位皇帝。在他统治期间，经济繁荣，国力强盛，史称“永乐盛世”。（左）

永乐十三年（1415年）七月，郑和第四次下西洋归来，随后十一月，榜葛剌国（今孟加拉国和印度西孟加拉一带）特使紧跟而来，向朱棣进献了一只长颈鹿。（右）

怀远驿，十三行的雏形

在今天的广州市荔湾区十八甫路东段，有一条不起眼的小巷，叫怀远驿。600多年前，这里曾是一个商贾凑集如云、财货积聚满市的地方，这里的对外贸易方式便是十三行行商制度的雏形。

明永乐三年（1405年），广州西城外十八甫大兴土木，修建高级旅舍，专门接待来广州贸易的外国贡使，这就是怀远驿。

怀远驿建于明永乐年间，是朝贡贸易制度下由市舶司设置的驿馆，目的在于接待前来朝贡的外国使者及随员，同时也是货物交易场所。朝贡制度古已有之，按惯例，历代前来朝贡的使者都会有商船随行，运载贡品及大宗贸易商品。由于明代禁止民间私自对外贸易，所以这些货物便由官府出面处理。最初，采取官府以高于实际货值的赏赐方式进行购买，称为给赉；后来又改为抽买，即官府先从中挑选质优者进行采购，剩下的允许货主与民间交易，但交易必须由官方组织，临时招商发卖，而且交易必须在怀远驿完成。久之，广州市舶司便设立了专办此事的牙行，而牙行负责办理贸易事务的牙人作为官方、外商与民间私人的中间人，已经隐隐具备官商的特征，这也正是后来十三行行商的特征之一。

自明正德年间起，随着海禁政策的放松，政府开始考虑向外国商人征税以补贴财政收入，于是沿用元代旧制，开始实行抽分制。抽分制类似现代关税，对跟随贡舶而来的商舶货物抽取十分之二的税后，便允许其自由买卖；对于贡舶货物则另有一套抽税计算方式。隆庆元年（1567年）又增加按船舶大小征收船舶进口税的丈抽制。

当时来广州进行朝贡贸易的国家最多，常来者就有十二国。实行抽税制度后，广州为朝廷贡献了大量税收。但从外商的角度讲，高额的贸易税使利润不再丰厚，于是他们或转移到中国其他沿海地区活动，或想办法联合牙人逃避课税。自从设立牙行后，市舶司的报关缴税等事务都由牙人一手包办，久之对牙行十分依赖，一些牙人便趁机贪占税银，在提报市舶司之前与外国商人私下交易，虚报货数，从中获利，渐渐形成垄断。到明末海禁废弛的时候，广州已有三十六行承包外贸。

怀远驿最鼎盛的年代，要数明中叶至清初，嘉靖二年（1523年），取消了福建、浙江两地的市舶司，仅保留广州市舶司，怀远驿成为当时中国对外贸易的中心，也形成了短暂的辉煌。康熙年间，在怀远驿南面（今文化公园一带）出现了早期商馆的雏形，于是对外贸易逐步转移到十三行区域，形成以十三行为核心的对外贸易中心。

在广州街市上采办商品的瑞典商人。（图片采自《昔日乡情》）

地理大发现带来的喜与忧

海上丝绸之路在地理大发现以前，主要是指通过南海、马六甲海峡，进而抵达印度洋、波斯湾、红海、非洲东海岸等地的海上贸易路线。它最早的起点之一是广州。

15 至 17 世纪，伴随着新航路的开辟所引发的航海事业大发展，海上丝绸之路开始向全球扩展，为欧洲资本主义进行海外殖民掠夺提供了方便。殖民者为加速原始资本积累、扩大商品流通和占领海外市场而千方百计地企图进一步打开中国市场。

16 世纪，一批批冒险家绕过非洲好望角，试图叩击东方的大门，进行海盗式的经济贸易和殖民扩张。最早前来广州叩关的是葡萄牙人，接踵而来的是西班牙人、荷兰人和英国人。

葡萄牙人与上川岛

在新兴的西方殖民国家里，葡萄牙人最早到达中国，明清典籍记载的“佛郎机”即是指葡萄牙。在到达中国之前，葡萄牙人采取步步为营的策略，陆续占领了印度果阿和马六甲，以此作为进入中国的前哨。

明正德六年（1511 年），葡萄牙人侵占马六甲之后，不仅在海上劫掠阿拉伯和中国的商船，还在我国沿海刺探虚实。正德九年（1514 年），葡萄牙人首次航行到广东东莞屯门。之后，侵占满剌加的葡萄牙殖民者又派船到广东沿海活动。正德十二年（1517 年），葡萄牙改以朝贡贸易的名义派使者从屯门岛强行驶入内河，直至广州城下，要求得到朝贡通商的勘合。

原本葡萄牙不在明朝的朝贡贸易体系里，按规定该国船只不允许靠岸。为了取得贸易权，葡萄牙开始使用武力威胁。从 1517 年起，葡萄牙人多次在广东、福建、浙江沿海一带与明政府爆发武装冲突，不想却被打得抱头鼠窜。特别是在屯门海战被击败后，葡萄牙人意识到无法在中国沿海建立据点，只得退而求其次，暂时落脚在今隶属广东台山的上川岛。

上川岛位于珠江口西侧海域，离大陆略有距离，对于往来东南亚和日本之间的商船而言，是个不错的补给地和货物中转站，所以在此停留的船只很多。在葡萄牙人的经营下，上川岛初步成为当时的一个贸易中心，甚至还吸引了胆大的中国商人冒险登岛与葡萄牙人进行商品交易。

澳门，广州外港的崛起

葡萄牙人在上川岛的活动没有瞒过明朝地方政府的眼睛。由于葡萄牙人一直武装骚扰中国东南沿海地区，加之上川岛其势渐大，明政府深恐葡萄牙人与中国胆大妄为的商人勾连作乱，于是下令封闭上川岛，将葡萄牙人再次驱至海上。不甘心放弃广阔市场的葡萄牙人改换策略，通过贿赂手段，先于嘉靖十四年（1535 年）买通地方官员，以每年租金 2 万两白银的条件，获得在澳门的停泊权；又于嘉靖三十三年（1553 年）买通海道副使汪柏，以晾晒被海水浸湿的货物为由登抵澳门，后取得赁居权。

澳门半岛在珠江口西岸，与大陆仅有一道由海水冲积而成的沙堤相连。对于当时地方政府而言，澳门孤悬海上，面积又小；而对于葡萄牙人而言，澳门则是一处海陆兼达的天

澳门南湾。澳门是当时外国商船来华贸易的第一站。（图片采自《珠江风貌》）

然宝地，所以双方都很满意这样的处置方式。葡萄牙人获得澳门的赁居权后，修建了不少住宅和防御设施，并大量移民。不到十年，生活在澳门的欧洲人已经多达万人。

在葡萄牙租占澳门之后，明政府始终掌握着澳门的领土主权，在澳门设置提调、备倭、巡缉行署负责管理。一般的民法和司法，则由香山知县主管。万历中后期，明政府在澳门的提调司对触犯中国法律的葡萄牙人带至提调衙门审讯。

然而，尽管明政府仍保留着对澳门独立完整的主权，但葡萄牙人已经开始把此地作为殖民地经营，在澳门设置行政机构，作为垄断欧亚贸易通商的大本营，澳门正式开埠。葡萄牙人以澳门为中心，开辟五条国际贸易航路，构建了一张太平洋西岸贸易网。这张网东到日本长崎、平户，西至果阿、里斯本，南达望加锡、帝汶，甚至可以通过马尼拉去往墨西哥，被称为“大三角贸易”。当时从澳门装载的货物里，有40% 是中国手工业制品，以“广货”居多。大量的生丝、丝绸、瓷器和药材通过澳门出口至海外，而白银则通过澳门流入中国内地，促进了中国商品经济的发展，确立了银本位制。明清时期的各类文书和历史典籍“合银 ×× 两”的计算方法，便是从此开始的。

澳门迅速发展成为明代最大对外贸易港口——广州的外港，甚至凭借地缘优势，成为广东乃至全国外贸商品的集散地，以及海上丝绸之路国际贸易的中继站。明嘉靖十四年（1535年），随着广州市舶司互市交易场所移到澳门，澳门开始隐隐呈现出取代广州之势。

中英贸易“广州时代”来临

英国人来到中国的时间稍晚。在葡萄牙人、西班牙人、荷兰人与中国政府交锋数个回合的时候，英国人正忙于经营印度。1600 年，英国成立东印度公司，主要与东方进行生丝、棉织品和宝石等贸易。这家在世界近代史上名气很大的公司，拥有英国王室授予的特许状，是英国在全球贸易的全权代表，跟随在它身后的不仅有提着货物和钱袋的商人，还有军队和坚船利炮。东印度公司在 1613 年开始入侵印度，在印度西部沿海苏特拉建立贸易站，并在站稳脚跟后于 1637 年首次来到中国。

这支东印度公司派出的贸易船队由四艘武装商船组成，称为“威德尔船队”，由一个名叫约翰·威德尔的英国海军军官指挥。船队于 1637 年 6 月 27 日到达中国海面，在澳门以南的十字门外停泊，意图分享澳门的贸易特权。

此时，澳门已经是广东中外贸易指定港口，几乎所有欧美商船都要经过澳门中转才能与中国进行贸易，葡萄牙人因此赚取了大量利润，自然不乐意分一杯羹，于是威德尔船队

绘于18世纪的澳门南湾。清朝初期，清政府在澳门专门设置了澳门总口和海关监督的关部行台，并派遣专人管理澳门口岸的贸易，由此正式形成了清政府对澳门口岸的贸易管理机构。（图片采自《珠江风貌》）

便绕过澳门，向明政府提出直接贸易的要求。当时明政府对英国完全没有了解，葡萄牙人便趁机挑唆，说威德尔船队所载的是来捣乱的荷兰人。由于自天启年间起，荷兰人数次与明政府有过武装冲突，明政府断然拒绝了威德尔的要求。于是威德尔便借口中国拒绝自由贸易，向虎门炮台发起了进攻，然后沿珠江深入，直接将船停泊在广州城下，派两名代表进城进行贸易谈判，结果被扣押。就这样，双方一来一回较量，各有输赢，最后还是在葡萄牙人的斡旋下达成协议：威德尔写下保证书，承认违犯中国法律，赔偿银两并保证不再犯；中国则释放扣押人员，并允许威德尔完成贸易活动后离去。此后，直到清代，英国商船才再一次到达中国台湾。

1670年（即清康熙九年），在台湾郑氏家族“通洋裕国”对外贸易政策的招徕下，英国东印度公司的“万丹号”和“珍珠号”到达台湾，与郑氏家族签订贸易合约，撕开了与东亚贸易的口子。1676年（即康熙十五年），英国在中国大陆建立了第一个商馆——厦门商馆，也是东印度公司在中国的总商馆。

东印度公司在厦门的贸易活动持续了20年。他们发现厦门官员征税勒索太重、本地皇商垄断严重，更重要的是厦门并不是传统的物资集散中心，本地存货少、物流慢，价格还比广州高出一到三成，所以打算另觅他处，去地理位置和经济实力都更优越的广州碰碰运气。

康熙三十七年（1698年），为了扩大对外贸易，清政府减粤海关额税。第二年，东印度公司即派遣“麦士里菲尔德号”前往澳门，自海关监督处获得了到广州自由贸易的许可证，从此开启了中英贸易史上的“广州时代”。1704年，东印度公司将其在中国的贸易中心转到广州，直到鸦片战争爆发。可以说，英国在中国136年的贸易史，实际就是英国在广州的商馆的历史。

南洋禁海令：清政府的戒心

最早来到中国的葡萄牙、西班牙、荷兰和英国等欧洲国家所采取的策略也大抵一致：先侵占马六甲、吕宋等地，以此为据点向中国一面走正常的朝贡贸易途径的尝试，一面用武力叩关索市；一面运用各种手段在澳门、台湾建立据点，以维持亚洲—欧洲远洋贸易航线的畅通，一面勾结海盗或直接劫掠中国沿海居民和商船。

欧洲人种种行为的最终目的都是为了打开中国市场，但在中国看来，洋人行为诡谲多变、居心叵测，所以明清两代政府始终对洋人盘踞在南洋海域始终怀着戒备之心，加上郑成功势力活跃于中国东南至南洋一带，清政府更将南洋视为“海贼之薮”。康熙五十六年（1717 年），清政府颁布禁海令，不准中国商船前往南洋贸易，以免通匪资敌；与日本等的东洋贸易则没有禁止，但必须要到官府填写详细表格，报海关通晓。对于来自西洋的葡萄牙、荷兰等国船只，则允许其朝贡贸易，不准其进行私人贸易。

从广州出口的明代外销龙泉窑刻梵文大盘，为外国客商定制。（左）（原件藏于广州博物馆）

明代石湾窑翠毛釉梅瓶。石湾在明中叶开始成为著名的陶瓷产地，产品远销海外。（右）（原件藏于广州博物馆）

18世纪《瓷器制运图》插画。图中描绘了清代粤商到江西景德镇拜会当地牙行瓷商（门上牌匾书有“然惠行”字样），采办外销瓷器的情景。

第四章

『一口通商』与十三行的诞生

清初的海禁与开禁

明末渐渐松弛的海禁政策，到了清顺治年间又再次严格起来。清初的情况与明初颇为类似。清初西南的南明势力尚未平定，东南又有郑成功势力威胁。顺治十一年（1654 年）底，清政府和郑成功方面和谈失败，眼看东线沿海战事将起，顺治帝便于次年六月下诏“无许片帆入海，违者立置重典”，采取了与明太祖朱元璋如出一辙的策略；更于顺治十八年（1661 年）进一步强令江、浙、闽、粤、鲁沿海居民内迁 30 至 50 里，设界防守，同时严厉禁止商民船只私自出海贸易，一旦发现，犯事者处死，保甲连坐，地方官革职。在这样的严厉防守下，沿海对外贸易量和渔业产量大幅下降。

在平定“三藩之乱”及收复台湾后，国内局势稳定下来。康熙二十三年（1684 年），为了振兴沿海地区长期凋敝的经济，康熙帝决心解除明朝以来 300 多年的海禁政策，除了官方设立的粤（广州）、闽（福州）、浙（宁波）、江（上海）

四个海关分领对外贸易事务（全国实际与海外通商的口岸超过 100 个）。康熙帝对待外来文化也采取较为开明的政策，不仅下令开海贸易，还允许天主教在尊重中国礼俗思想和风俗习惯的前提下在华开展传教活动。

清政府虽设立四口对外通商，但是却采取了许多限制对外贸易的政策。如对本国航海商人的船只大小、载运货物、航海人数等都有所限制。对来华外国人的商务活动、居住处所、贸易期限、出口货物等，也都定有禁例严防中国人和外商接触，防止所谓“内外勾连的隐患”。

出于国防安全考虑，清政府希望西洋商人集中在广东贸易。由于广东的贸易条件优越，又有可遵循的贸易惯例和成文法。四口通商时期，中国和欧美之间的贸易就一直集中在广州进行。

粤海关：一枝独秀的黄金口岸

康熙二十四年（1685 年），清政府宣布开海贸易，并设立粤海关、闽海关、浙海关、江海关，管理对外贸易和征收关税事务。这是中国历史上正式建立海关的开始，也是清代海疆政策的一次历史性转变。

海关制度与市舶制度的最大区别是，市舶制度是以朝贡贸易为主要特征，并没有设立专门的买卖机构。海关制度建立之后，将对外贸易管理（海关）和对外贸易机构（洋货行，简称“洋行”）完全分离开来，使我国传统的朝贡贸易制度向商业行馆贸易形式转变。前所未有的政策，又逢强大商机，使得海洋贸易迎来繁荣。

在四个海关贸易时期，中国的对外贸易大致形成了这样的格局：设在上海松江的江海关，主要对国内沿海各港贸易；设在宁波的浙海关，主要对日本贸易；设在福州的闽海关，主要对南洋各国贸易；设在广州的粤海关，专营对西方各国的贸易。

清政府非常重视粤海关和粤商的利益，加之广州拥有成熟的洋行制度和经商人才，这是其他口岸无法企及的。对于粤海关的外贸优势，闽浙总督、两广总督曾联名上奏：“广东海关设有监督专员，稽查番舶往来，征收出入贷税，条例分明，立法严谨，兼有牙行为之经营交易，历久相安，中外商民各具称便。”浙江巡抚杨廷璋也认为：“十三洋行世业克牙，番情熟谙，交易颇属相宜。浙省既非市舶，宁波地亦狭隘，并无殷实牙行。”

自雍正末年起，英商已有“移市入浙”的趋势，企图打开中国丝茶产区，导致了广州“一口通商”的诞生。1755年，为了扩大贸易范围，英国东印度公司派“中国通”洪仁辉带领商船到定海、宁波一带茶丝产地进行收购。洪仁辉是英国人，英国名字叫杰姆森·弗林特。由于他汉语讲得好，英国东印度公司让他在贸易活动中充当翻译。洪仁辉带领的商队发现浙海关的关税要比粤海关低，于是此后两年便绕开广州，直接前往宁波做生意，导致粤海关关税收入锐减。乾隆二十二年（1757年），两广总督杨应琚会同闽浙总督喀尔吉善上奏，提到外国武装商船进入内陆数量太多、停留时间太长，容易与当地奸人勾结渔利，时日一久恐怕宁波、定海会成为另一个澳门。并请求调高浙海关关税。

这番话戳中了乾隆的痛处，于是下令提高浙海关的关税，考虑到广州牙行的牙人可能存在刁难洋商的情况，并没有禁止英商船前往宁波贸易。杨应琚为了维护粤省利益，又上奏说查明广州26家洋行办理外商贸易事务无不尽心尽力，洋商图利才跑到宁波去，况且广东地窄人稠，沿海居民大半借洋船谋生，如果洋船不至则民生不举。乾隆最后决定，英国商船只许在广州上岸贸易，再不许进入浙江海域，此为“一口通商”的开始。

被限制了贸易的英国感到不忿，于乾隆二十四年（1759年）指示洪仁辉再去宁波尝试贸易，如果失败就直接去天津，想办法面见乾隆告状。洪仁辉来到浙江海域，果然被清朝水师拦截。他装作返回广州，实际上却转头北上去到天津，通过直隶总督将一纸诉状呈到乾隆面前，状告粤海关监督李永标贪污及刁难洋商，并代表东印度公司希望清政府改变外贸制度，实行多口通商。被洋人告状到面前的乾隆相当恼火，一方面，

云集在珠江口的外国商船。《防夷五事》颁布后，“一口通商”正式登上历史舞台，从此西洋商人只能在广州进行贸易。（图片采自《珠江风貌》）

派人到广州彻查此事，革去李永标的官职；另一方面，认为洪仁辉冒犯天朝威严，治了他一个勾结内地奸民、不遵守大清通商条例的罪名，判他在澳门圈禁三年，刑满后将其驱逐回国，而对于帮助洪仁辉写诉状的中国人刘亚匾则砍头示众。

“洪仁辉事件”让清政府对于西方人的防御心理更加严重，很快便颁布了“防夷五事”，加强对外贸易管理，以杜绝此类事件再次发生，同时更加严格地执行乾隆二十二年（1757年）颁布的禁令。从此，西洋商人只能在广州贸易，“一口通商”正式登上历史舞台。

所谓“防夷五事”，全称为《防范外夷规条》，共有五条，是清政府全面管制外商的第一个章程。主要内容为：一、禁止外国商人在广州过冬；二、外国商人到广州，应令寓居洋行，由行商负责稽查管束；三、禁止中国人借外商资本及受雇于外商；四、割除外商雇人传递信息之弊；五、外国商船进泊黄埔，酌拨营员弹压稽查。

“防夷五事”标志着闭关锁国的全面实行，对外国商

清代外销画中的粤海关。（图片采自《东西汇流》）

人的种种限制和防范可谓前所未有，不但禁止外国人与中国百姓接触，甚至也不许他们接触中国官吏，一切纳税、向政府呈递禀书、贸易等事宜都由行商代办，行商还负责安排外国商人在广州的居住，并对他们的活动进行监督，承担了相当部分的政府职责；但凡外国商人在中国境内有任何问题，政府便唯行商是问。行商这种半官半商的身份，正是清政府“以官制商，以商制夷”政策淋漓尽致的体现。

在粤海关设立初期，来船不多，税饷亦少，十三行行户只有几家，但很快就发展起来了。清初屈大均《广东新语》中有诗描述：“洋船争出是官商，十字门开向二洋；五丝八丝广缎好，银钱堆满十三行。”当时广州有两类商行：金丝行和洋货行（十三行）。外船进口，“听其自行投牙”。后来，十三行才逐渐操纵对外贸易。广州“一口通商”和十三行贸易垄断一直延续到道光二十二年（1842 年）。这一时期，广州的贸易进入高速发展阶段。

十三行的前世今生

“一口通商”政策实行后，除了俄国商队跨越中国北方边疆，葡萄牙和西班牙的商船往来澳门以外，中国和西方列国的全部贸易都汇集在广州。为了规范贸易和保证税收，广东官府、粤海关公开招募较有实力的商家，指定他们与洋船上的外商做生意，同时代海关征收关税。这被普遍认为是中国早期外贸代理洋行——广州十三行组织建立的标志。

清代的十三行承袭自明代广州市舶司设置的牙行。牙行指代客商买卖从中说合的中介机构，出现于元代，明代得到发展和完善。明代牙行分为官牙和私牙两种：官牙由政府经营；私牙则是具有一定资金的商人，经政府批准并发给牙帖后才能从事买卖经纪活动。

《大明律》规定，牙行无论官私，日常担负的责任有：向政府报告客商情况及货物数目；代客商买进卖出；代客商雇请车船人丁；代存货物；为客商提供食宿。随着“隆庆开海”，来华贸易的外国商船日益增多，广州等沿海地区的官牙分化出专门处理华夷贸易的市舶司官牙，增加了代政府控制市场、管理商业活动的作用。嘉靖年间，随着广州市舶司互市交易场所迁至澳门，又出现身份类似于牙人的揽头。揽头来往于广州和澳门之间，不但直接与外商交易，而且跟随政府官员参与对外交涉并对外商的行为负责——外商违法，揽头须负连带责任被治罪。至此，十三行行商职责已基本形成。

康熙二十三年（1684 年）起，清政府设置四个海关取代明朝的市舶司负责对外贸易事务，在通商管理制度方面则沿袭明代前例用牙行商人主持经营对外贸易。《粤海关志》记述："设关之初，番舶入市者，仅二十余柁，至则劳以牛酒，令牙行主之，沿明之习，命曰十三行。"需要强调的是，十三行并不是设置海关之初就出现的，而是在粤海关设立的第二年即康熙二十五年（1686年）五月开始建立的。

由于广州在明代就是朝贡贸易最活跃的地区之一，因而清康熙开关之初，大量国内外的货物都被运到广州，指望从广州中转销售。但与之相对的是当时仍从事牙行的人并不多，导致货物一时不能报关缴税，堆积如山。为了适应开关后的对外贸易需求，保证关税的征收，清政府以法令形式发布《分别住行货税》，把从事国内沿海贸易牙人和从事对外进出口贸易牙人的活动范围及性质划分开来，设立金丝行、洋货行。其中的洋货行正是十三行。《分别住行货税》还对两者进行了区别划分，如："来广省本地兴贩，一切落地货物，分为住税报单，皆投金丝行，赴税货司纳税"；"其外洋贩来货物及出海贸易货物，分为行税报单，皆投洋货行，俟出海时，洋商自赴关部（粤海关）纳税"。所谓"住"是指国内贸易，"行"是指对外贸易，所以十三行商人也被称为"行商"。如此区分的目的一则在于分流业务，避免货物积压；二则避免住、行混淆，重复征税，加重商人负担；三则防止富商豪强将国内外贸易操纵权合二为一，滋生弊端。

同明代的牙行一样，行商必须身家殷实，同时需要地方官府核准后发给行帖方能经营；倘若某人同时经办国内和国外两种贸易，也必须分别设行，各立招牌，不许混同办理。乾隆初期，金丝行改名海南行，洋货行改为外洋行（简称"洋行"），因此广东十三行行商制度又被称为"广东洋行制度"。

十三行是粤海关征税的总枢纽，行商是唯一得到官方承

清代广州沿江而设的茶叶商行。茶叶贸易，是东印度公司在广东的主要大宗贸易之一。（图片采自《珠江风貌》）

认的外贸代理商。行商的营业执照，要花20万银两从官府获得。

最早的行商构成成分还是比较复杂的，大致有以下几种：一是，由广州府及珠江三角洲一带原本充当海贸牙行的商人转充而来，隶属于广商集团；二是，活跃于广东沿海地区的徽州、泉州商人集团；三是，清初出现于广东地区的藩商。

所谓藩商，是在清初实施海禁和藩镇统治下产生于广东地区的一批从事海上走私贸易的商人，他们背后的实际靠山正是平南王尚可喜之子尚之信。最有名的大藩商名叫沈上达，系藩王府参将、贸易总管。他在广东各级官员庇护下，大肆走私，为藩王府赚取了大量白银，也使自己成为显赫一时的富商。当时官府的报告说，沈上达自己打造海舡载货出洋，每年出海走私船只数量大约千艘，利润四五十万两白银。

这群亦官亦商的藩商，凭借着背后的政治背景及封建经济特权，成为清代前期广东的一个特权阶层，对皇权产生了

清代外销画中的珠江沿岸风貌。（原件藏于广州十三行博物馆）

很大威胁。

清政府轻视商业，广州的行商即使巨富，依旧无法获得相应的社会地位。在广东的官员，无论是将军、总督，还是海关监督、巡抚，都把十三行当作利源。行商也只有投靠在封建权贵的门下，才能获得一席之地。从乾隆年间开始，广州的行商常常花巨资为自己捐买顶戴，知名的行商通常都能捐来二品红顶或三品蓝顶的头衔，正所谓“无贾而不官”。因行商大多捐有官衔，所以他们的名号后都带有一个“官”字，如潘启官、伍浩官、卢茂官、叶仁官、长官、鳌官等。初来乍到的洋人误以为这些商名就是真实的名字，其实以“官”作为名字的一部分是当时广州的一种尊称，相当于先生，有管理之意。随着称谓的约定俗成，以后行商都被称为某某官。在外商眼中，他们就是国家商人，是中国官方的商业代理人。

李士桢入粤，缔造十三行

尽管明代广州在朝贡贸易和经济方面都取得了不错的成就，但在明清更替之际，特别是顺治四年（1647 年）到康熙二十年（1681 年）的 30 多年间，在先后经历了南明小朝廷联合张献忠余部与清军在岭南地区的拉锯战、明降将李成栋的降而又反、尚可喜和耿继茂两大藩王的平叛及割据统治、清初的禁海令后，珠三角地区人口锐减，社会经济遭到严重摧残，连康熙帝也不得不承认“广东民人，为王下兵丁扰害甚苦，失其生理”。广州从民生凋敝到经济复苏，继而成为清前期中国唯一的对外贸易大港，广东巡抚李士桢功不可没。

康熙二十年，经过八年战争，清廷终于翦灭三藩。此时的广东，“民困未苏，疮痍未起”。在这样的背景下，李士桢临危受命，调补广东巡抚。李士桢上任后第二个月，即发布《抚粤条约》，计有励官方、清钱粮、慎刑狱、除私税、饬海防、汰冗役和省差扰等十六条，以此作为他治粤的施政纲领。

首先是整顿吏治。藩王统治时期，广州城形同军营，盘剥严重，从事国内贸易的商船在广州一度绝迹，而转投佛山，佛山因此变得繁盛起来。李士桢通过打击藩党、察举官员，肃清了广东政治风气，让民众初步获得了安定。

接下来，从合理征收赋税、保障商路的畅通和安全、保障城镇与农村市场的安定等着眼，有序推行了一系列恤商政策，令商业和手工业得到有效恢复和发展，尤其是珠三角地区的丝织品和生丝品质得到质的飞跃。

李士桢在任上采取的一系列整顿吏治、招抚商民、恤商裕课等措施，将广东地区的政治、民生和经济进行了全面修复。而他对岭南地区最卓著的贡献是创建了广州十三行，这对广东对外贸易的发展意义尤为重大和深远。

重农轻商的思想在中国古代根深蒂固，上至朝堂，下至民间，无不如此。李士桢在当时可谓是少有的具备开阔眼界的官员。据《抚粤政略》记载，李士桢到广东上任半年间，呈上的奏疏和发布的符檄、文告共54份，和商业有关的为23份，足见其对商业的重视程度。身处地理大发现时代末期、全球一体化肇始的时代，在福建、浙江和广东等沿海地区做过官的他对于商业时代的脉息感受更为真切直观。或许他并未彻底意识到全球化的贸易网正在形成，但凭着自己的观察和实际历练，他深刻的懂得什么样的措施最适合广东地区的恢复和发展。

李士桢69岁辞官时，百姓罢市，夹道送行，后为他立祠于五仙门外，又入祀省城名宦祠。

在清代广州画家创作的外销画中，有大量描绘十三行的作品，从各个角度展现了当年万商云集的盛况。（图片采自《香江遗珍》）

第五章

十三行贸易管理下的广州——盛清时期的东西方贸易中心

行随江岸阔，行商有制度

自广州“一口通商”和十三行专营对外贸易后，广州的对外贸易日益繁盛。除了欧美和亚洲各国的商船来广州进行贸易之外，还有许多广东商人远航南洋、东洋和欧美各国进行贸易。在中国贸易史上，十三行代表着多重含义，它既是一处特定的办理对外贸易的商区，也是一种管理外商来华贸易的制度，还是一个专门从事对外贸易业务的商人公行组织。

十三行商区不仅沿袭了明代市舶司的牙行制度，在选址上也参照了明代怀远驿的选址，依江而建。怀远驿所在的蚬子步（即今十八甫），在明代是珠江码头区，由于珠江泥沙堆积作用，珠江北岸不断向南延伸，因此清代的十三行商业区便也随之南移，依然建于江畔。今天的十三行旧址，已经远离珠江北岸，范围大致在东跨仁济路、南临珠江边、西至杉木栏路、北抵十三行路的广州文化公园一带。

作为清政府闭关锁国背景下唯一保留的对外贸易口岸，十三行商区在鸦片战争之前商贸活动极为兴盛，拥有通往欧洲、拉丁美洲、南亚、东洋和大洋洲的环球贸易航线，每年上缴税银超过百万。这些税银中，有一部分专门作为王室的经费开支。在皇帝眼中，这个远离京城的商埠，不啻于取之不尽的宝库，十三行也被誉为“金山珠海，天子南库”。

十三行也代指一套完整的对外贸易制度，是清政府利用特许的商人集团作为工具来干预、控制和专营对外贸易的一项商业经济制度，目的在于“以官制商，以商制夷”。十三行制度也称为“行商制度”，包括承商、保商、总商、公行、行佣等。这套制度起于康熙初期，并在随后数十年的对外贸易中逐步完善。

承商制度

承商制度指十三行行商“承揽夷货”制度。最初行商承商，只需具备一定资产并向官府申报便可领帖营业；到了乾隆年间，在要求资产殷实的基础上，还必须有现任行商一至两人作保；嘉庆十八年（1813年）之后，行商准入审批权收归户部，由公行内所有行商（包括总商在内）“慎选殷实公正之人”共同联名结保，呈至户部查验。

作为对承商制度的补充，还有关于退商的规定。清政府规定“殷商不准求退，即实有老病残废等事，亦应责令亲信子侄接办，总不准坐拥厚资，置身事外”。另外，甚至行商把行务移交其子侄，也要向官府交付巨款。道光六年（1826年），著名总商伍秉鉴为了把行务交给他的儿子伍绍昌，竟向海关交付了50万银两。

通过这样严格的承商制度，清政府把富商巨贾吸收、网罗到封建商业垄断组织中来，以便控制他们手中的商业资本，并通过各种方式把商业利润纳入为封建王朝财政服务的轨道。

保商制度

行商垄断了广州进出口业务，进口货物由其承销，内地出口货物由其代购，并且负责划定进出口货物的价格，以及向海关担保外国商船缴纳进出口关税，即承保税饷，所以行商又被称为保商。所谓保商，包括两个方面：一是为外国商人作保，一是行商互保。根据清政府的规定，“夷船到粤，不论公司港脚船只，均有保商。如有漏税等事，按例罚出”。

身为保商，往往要先拿出真金白银为外国商人垫资，自己也须缴纳税金，部分资本微薄的行商根本承受不起。所以从乾隆十年（1745 年）起，清廷只挑选行商中富有的人作为保商，由其统收统缴进口关税；乾隆十九年（1754 年）以后，又进一步规定，凡外船之船税、出口货税、贡银、清廷搜罗之珍品（采办官用品物），俱由行商一二人负责保证。同时规定，假如外商拖欠税款，保商要负连带责任；假如保商中的一家倒闭，其余保商要分摊清还其所欠债务，而相应地，保商亦对外国商船货物享有优先权利。保商制度由此形成。

总商制度

嘉庆十八年（1813 年），在保商制度的基础上，进一步演化出总商制度，即在保商之上又设有总商，由资历深、资产多的行商出任，其职责主要包括征收行佣、协调货价、贯彻政府相关政策法令、办理中外交涉等，并对整个行商团体负责。

按清朝制度，但凡政府垄断的商业，诸如盐商、海商中都设有总商。粤海关公行组织也不例外。其宗旨盖为“饬令总理洋行事务，率领众商，与夷人交易。货物务照时价，一律公平办理，不得任意高下，私向争揽。倘有阳奉阴违，总商据实禀究”。清政府支持设立公行，并任命总商，目的在于控制行商内部的竞争，建立稳定的经营秩序，以利于它对行商的驾驭。

十三行商馆区的美国花园和圣公会教堂。（图片采自《珠江风貌》）

公行制度

保守严厉的外贸政策和巨大的外贸利益引发了不同利益集团之间的争夺。在行商之外，还出现了由不同官僚势力控制的皇商、总督商人、将军商人和抚院商人等。竞争最激烈的一次，是行商联合外商，自发组织起来对抗一个皇商。这次抗争以皇商失败告终，让行商意识到联合的重要性。

康熙五十九年（1720 年），公行正式成立，众行商歃血为盟，并订下十三条行规，在货物价格约定、责权利的划分等方面做了规定，目的在于保证相对公平、防止内部恶意竞争、垄断大宗商品贸易。然而，这些规定对于奉行所谓贸易自由的外商来说无法容忍，对于公行外商人也不利，于是后两者联合起来反对，导致公行成立第二年即宣告解散，虽然五年后又恢复，但组织松散。直到乾隆年间开始实行“一口通商”，广州行商内部竞争越来越激烈，乾隆二十五年（1760 年）潘振承等九家行商联合呈请设立公行，获得批准，但由于外商反对再次解散，直到乾隆四十年（1775 年）才得以恢复。

行佣制度

行佣又称行用，英文名称则为 Consoo Fund（公所基金），其中 Consoo 一词，即汉语“公所”的音译。行佣是指从行商经营的部分进出口贸易中抽取佣金，以补充整个行商团体的运作经费，主要用于偿还拖欠外商的款项及朝廷捐份，还有从事社会公益事业。

行佣是在公行定位成形后的产物，这笔基金的数额是庞大的，行商必须缴纳年利润的10%，外商则必须缴纳货物价值的 3%。行佣的相当一部分金额成了朝廷捐份。美国历史学家费正清在《剑桥中国史》中写道：“一个‘广州利益集团’形成了，它逐渐把从贸易吮吸来的款项变成了与外商或公行有关连的所有大、小官吏的资财。”

"广州体制"缔造广州贸易时代

17至18世纪是广州贸易的伟大时代，特别是自1757年"一口通商"之后到1842年间，广州是清政府认定的中国外贸中心。这样的辉煌不是仅凭十三行行商制度就能达到的，而是在官方制定规则的前提下，由引水人、通事、行商、买办等形形色色的职业构建出一条环环相扣的贸易体制链条，对外商及贸易船只能进行有效的引导和管理。针对贸易的所有监督控制权则集中于粤海关手中，这就是"广州体制"。如此，粤海关监督和两广总督通过控制所有与外国商人打交道的中国人，绝对支配贸易的发展，在确保维持地区的和平、安全与和谐的前提下，源源不断地向朝廷输送大量白银。

一艘外国商船的通关程序

"广州体制"建立在吃水深的帆船运输基础上，当时一条外国商船来到中国海域，想要最后完成贸易，必须经过一系列程序。商船先在澳门停泊，然后与中国官方磋商贸易规则和条款。在行商制度还没有完全确立之前，粤海关官员会接见每艘船的商人以确立贸易规则。外国商人惊奇地发现，贸易规则并非一成不变，无论他们前来贸易多少次，每一次几乎都是从头来过的谈判过程。

在接见外国商人之前，粤海关会让通事把外国商人的各种要求呈报上来，仔细斟酌如何讨价还价。外国商人最大的一个请求就是能够自由选择贸易对象。但有着明代海盗祸乱之鉴以及台湾郑氏与南洋海盗结党教训的粤海关显然不愿意这么做，而是想了一个折中的办法——挑选部分商人颁发行商执照，外国商人可以在这些行商中挑选贸易伙伴，这个办法到后面就演变成保商制度。在保商制度里，保商对于所负责的外国商船货物享有优先权，为了获得更多的利益，部分行商企图独占某个公司的贸易，或形成某种联盟来垄断价格。但实际上，广州官员并不赞同这样的做法。比起垄断可能造成外国商船再也不来广州贸易的风险，广州官员更倾向实施具有竞争性的价格策略，以此鼓励贸易的发展。或许，这正是公行几次解散又恢复的原因。

与其他地区的官员相比，粤海关的官员熟稔谈判之道，懂得什么时候该坚持，什么时候该稍稍退让，在不断与外国商人互探底线之后达成最新的贸易规则。这些从外商底线低空掠过的规则每次都让他们勉强可以容忍，到下一个贸易季节，这些熟悉的外国商船依旧会出现在广东海域。

在和粤海关协商期间，外国商船已经按规定申请了一位由粤海关颁发执照的引水人。引水人接受雇佣之后，需要把雇用他的外国船长姓名及所代表的国家、装备、水手人数、所载货物等报送粤海关税馆。等所有的贸易条款确定之后，引水人引导船只前往珠江口的虎门税馆，接受税馆胥吏的检查与核实，再把信息报告给粤海关。

盘查完毕后，商船终于获准溯珠江而上前往广州，但需要两名分别来自虎门税馆和虎门炮台的海关胥吏登船随行，确保在珠江航行过程中不装载或卸载任何货物（防止走私）。船只到达黄埔锚地后，两名海关胥吏会把监察职责移交给黄埔的官员。黄埔官员需要日夜监察船只，以防外国商船走私商品进出广州，所以他们在舢板上工作和生活，称为“押船艇”。

商船到达黄埔锚地之后，第一要务便是雇佣一名通事处理所有进城贸易所必需的正式手续。通事类似于中间人，任务包括与外商讨论贸易细节、与粤海关确定贸易内容、安排两者见面。此外，通事也负责安排船只接受丈量，以确定需要缴纳的港口费金额。

黄埔锚地是外国商船最终能到达的地方，接下来想要把货物运入广州城，则必须使用一种名叫官印船的舢板分装入城，官印船通常属于行商所有。从黄埔到广州城的河道设有几个关卡征收河流通行税，假如外国人拒绝缴税的话，这笔费用就得由行商承担。

从黄埔锚地到广州城之间一共设有三个主要关卡：第一个是黄埔税馆；第二个在广州城南靠近东炮台的位置；第三个在广州城外的商馆区码头（十三行码头），称为海关税馆，主要负责征收进出口税和个人行李税、特别快速舢板费以及卸载公司补给品和家具等费用。官印船在每个关卡都要申请通过和接受检查，由关卡在通行证上盖印，然后在最后一站被收回后送到粤海关进行信息记录（包括舢板数量、保商姓名、外国船长姓名等），核算出应缴纳的费用。只有当所有关税和费用全部结清之后，粤海关才会颁发离开许可证——船牌给船只。

由于外国商船不许进入广州城，所以船长和大班必须反复地在锚地和贸易地之间奔忙。每到一个关卡都要停下来接受检查和缴费显然极为浪费时间和金钱，因此他们要求拥有在押船艇悬挂国旗并不必接受检查的权利。粤海关同意了，但附加条件是这样的船只允许外国商船高级职员和官员乘坐，

粤海关官员丈量外国商船图。（图片采自 Den länga resan）

并且不能装载货物。

外国商船到达黄埔锚地之后，粤海关官员及随行人员、行商会前往丈量船只以计算税费。对于粤海关和外国商船而言，船只丈量是很郑重的事情。在这个过程中，外国商船会鸣放礼炮致敬，粤海关的官船则会鸣锣回礼。后来粤海关考虑到此举会影响附近水上居民的安全，禁止鸣放礼炮之后，外国商船改为让水手爬上捆绑风帆的索具，在粤海关官员到来和离开时欢呼致意。除此之外，中外乐队现场奏乐助兴，也是丈量仪式的一个组成部分。据记载，乾隆二年（1737 年）丹麦“斯韦格号”在丈量过程中，粤海关官员“还饶有兴致地亲自敲了丹麦大鼓”。另外，仪式还包括滑稽短剧和合唱表演、互赠礼物和举杯祝词等，慢慢演变成正式的外交礼节，给贸易添加了不少政治外交色彩，也算当时广州对外贸易的一大特色。

黄埔风光。黄埔锚地是外国商船最终能到达的地方，接下来想要把货物运入广州城，则必须使用官印船分装入城。（图片采自《东西汇流》）

粤海关怎么收港口费

粤海关有一套港口费征税计算方式，总的来说，港口费等于丈量费加上规礼，但其中还要算上各种折扣、税率以及其他附加费用，所以实际计算起来十分复杂。丈量费是测算出船只的长度和宽度后将两者相乘，再除以 10，然后再乘以单位金额得出。长度是船只前桅和后桅之间的测量距离，宽度是主桅两端的测量距离。为了减少所缴税费，外国商船想尽办法缩减丈量尺寸，例如敲掉固定桅杆的船沿、把桅杆上端全部捆在一起、调整船舱结构等。丈量费之外，还要加上规礼、粤海关胥吏规费（丈量费的 2%）、弥补银含量差异的纹银费（丈量费的 7%）等。然后，为了显示清廷和地方政府对外商的怀柔优惠，又分别给予 20%、10% 的折扣，这一套复杂的算法下来，才是最终要缴纳的费用。当然，货物的进出口关税还要另行计算收取。在十三行百余年贸易史里，各种费用和费率数字上都有变化，但计算方法大体如此。

清廷西洋珍奇的供应商

自“一口通商”之后，广州十三行基本成为清廷西洋珍奇的唯一供应商。粤海关监督亲自前往黄埔锚地丈量船只的另一目的便是挑选珍宝货物进献给上级和皇帝。外国商人显然也深谙清朝官员心理，英国东印度公司、英法散商、亚美尼亚商人、穆斯林商人、巴斯商人等都会随船携带数量不等的西洋奢侈品。粤海关监督挑选出最好的珍品后，会要求行商购买这些东西，然后行商再以超低折扣转卖给粤海关监督。而享受行商供奉的最大买主则是清朝皇帝。清代采办官物的档案显示了皇帝对广东洋货贡品的具体指示，如乾隆极其痴迷西洋珍宝，曾在乾隆二十三年（1758 年）的一道谕旨中指明“买办洋钟表、西洋金珠、奇异陈设或新样器物”。为了维持承保船只的特权，行商不得不忍受来自官府的盘剥，这也是十三行行商集团最后没落的一大原因。

十三夷馆："一口通商"与华夷大防的产物

夷馆，是夷人寓馆的简称。"一口通商"时期，清政府为满足西方人贸易需求建立了十三行制度并开辟了十三行商区，但本质上始终抱持华夷大防的心理。十三夷馆便是通商与华夷大防互相妥协下的产物。它是由政府指定地点、十三行行商出资建造的房屋建筑群，以出租的方式为来华贸易的外国商人提供住宿、储货和交易场所。

为了方便生意，加上十三行行商对外国人承担监督责任，十三夷馆皆建在行商行馆附近，毗邻当时的珠江，即今天广州十三行路以南、人民南路以西、珠江河以北的区域（今广州文化公园一带），夷馆名"十三"则是以十三行命之，并不是指具体有十三座建筑。实际上，十三夷馆是十三行的组成部分，同一个行分作两处活动：一处是行商与本国商人交易的地方，一处是行商与外国商人交易的地方。

当时与广州进行贸易的外商来自世界各地，《华事夷言》中说："十三间夷馆近在河边，计有七百忽地，内住英吉利、弥利坚、佛兰西、领脉、绥林、荷兰、巴西、欧色特厘阿、俄罗斯、普鲁社、大吕宋、布路牙等之人，按此即所谓十三行也。"至今，我们仍旧能从传世的外销画中看到十三夷馆前飘扬的不同国家的国旗，一窥当时盛况。

十三夷馆经历过三次火灾，但都得到了重建。直至咸丰六年（1856 年）第二次鸦片战争期间，愤怒的广州民众点燃了西关大火，烧掉了包括十三夷馆在内的十三行街区，十三夷馆从此再未恢复。

十三行商馆区内最繁华的街道之一——同文街。同文街位于丹麦馆及西班牙馆之间，街道两旁均为中国人所开设的各类店铺。

十三夷馆建筑群格局和骑楼的早期雏形

十三夷馆与圆明园的西洋楼和澳门的历史建筑群一样，是中国内地出现的第一批洋楼。十三夷馆起初由行商兴建，所以多为中国传统风格。重建过程中，外国商人参与并主导夷馆设计建造，使建筑带有显著的西洋风格。

尽管十三夷馆早已毁于西关大火，我们还是可以从文字记载中了解它的风貌。美国人威廉·C. 亨特在他的《广州番鬼录：旧中国杂记》（1882 年出版）对夷馆有着详细的描述：每座夷馆的正面都朝着南边的珠江，各国商馆由西向东排列，西边以联兴街为界，东边以西濠分隔，中间则以靖远街、同文街和新豆栏街分割成三个区域。商馆背后是一条东西向的长街，即十三行街。十三行街北面，与同文街相望的一座宽大而漂亮的建筑是公所，也叫洋行会馆。这是行商公行用于

靖远街是十三行商馆区内另一条著名的商业街。这里商贾云集，外销扇和其他广作外销艺术品由此销往海外。（图片采自《广东十三行与早期中西关系》）

接待客人和办事的地方，属于公产。外国商人倘若想办理贸易事务，或者了解清政府颁布的最新规定或税则，都必须要来这里。从某种意义上说，公所是外国人眼中关于中国权威的一个直观印象，因此到广州来的外国人常被带到这里参观。

十三夷馆在建筑外观、室内装饰和生活方式方面都带有异域风情。威廉·C. 亨特描述当年的十三夷馆时这样写道："布置豪华，待客奢靡，宴会厅极为宽敞。英国馆内有图书馆、礼拜堂和辉煌的宴会厅，还有一座广州最大的自鸣钟。广东巡抚还曾邀请粤海关监督一同前往观赏这个神奇的西洋玩意儿。"

十三夷馆也被认为是如今岭南文化的标志之一——骑楼的早期雏形。由外国商人兴建的十三夷馆，为了适应广东潮湿炎热的天气，通常都会采用外廊式设计，有着向河边凸出的柱廊和露台，以便纳凉赏景。每座商馆风貌不尽相同，但形制大略相当，几乎都是三层建筑，包括若干间房间：一楼为账房、仓库、储藏室、买办及下人仆役的房间，以及一个石墙铁门的银库；二楼是饭厅和客厅；三楼是卧室。

19 世纪末 20 世纪初，在十三夷馆被烧毁数十年后，第一批“下南洋”“上金山”的移民带着资金回乡创业经商。为了方便做生意，他们参考十三夷馆建筑的功能布局，将盛行于南洋的建筑形式和岭南本土建筑结合起来，形成了一种宜商宜居、生意生活兼顾的新的建筑形式——骑楼。

骑楼的内部沿用了十三夷馆的功能设置，二楼及以上作为住家，一楼则根据自身需要改为店铺；同时将相邻骑楼的外廊延伸打通，将外廊的属性从私人领域转变为供人行走的公共空间，仿佛一条带顶棚的长街——这样店铺就可以全天候营业，风雨无阻。从这个角度而言，骑楼确实是十三夷馆的发展和再创造。

广州骑楼宜商宜居，中西合璧，将邻里情怀融合在建筑艺术之中。骑楼在街边并肩矗立、一字排开，便是骑楼街。

远眺十三行商馆。乾隆八年（1743 年），广东十三行第一次遭遇大火灾。广东顺德诗人罗天尺目睹了这场灾难，有感而发，写下“雄如乌林赤壁夜鏖战，万道金光射波面”的诗句，可见当时火势之凶猛。（图片采自《珠江风貌》）

与北京的胡同、上海的里弄相比，广州的骑楼街向川流的道路打开，又消失在道路尽头，显得更为通达、开放。

限夷生买办，买办万事通

如果说咸丰十一年（1861年）成为英法租界的沙面意味着凌驾于主权之上的西方殖民主义特权，那么十三夷馆则代表着清政府对于西方人的约束和防范——这种约束以今天的眼光来看称得上严苛。

十三夷馆并非人人可住。根据规定，来广州的外国商船只有部分高级职员可以入住十三夷馆，妇女及其他船员只能在清政府指定的地点居留。商馆内的员工包括大班、办事员、看茶师、牧师、医生、翻译、仆役等，实行封闭式管理。由于洋流和季风，外国商船每年春夏到来，秋冬离开。为了避免外国人随意逗留，清政府规定外国人不许在广州过冬，如果确实有特殊情况，只准待在澳门，但次年必须离境。

这幅绘画描绘了中外商人在十三夷馆洽谈生意时的情景。除了政府官员和外商，画中还出现了买办。（图片采自 De långa resan）

即便入住十三夷馆，也不代表会受到优待。按规定，外国人不许进入广州城内（十三夷馆当时设在城墙之外的江边），只准在十三夷馆附近活动。到了乾隆末期，始准每月三次到隔海的陈家花园（后改往花地）和海幢寺两处游玩，但要洋行的通事随行约束。外国商人的所有贸易事务和对公事务均由行商代理，所有日常生活受行商约束。渐渐地，一种名为买办的阶层诞生了。

在近代中国，“买办”被视为“殖民地、半殖民地国家里替外国资本家在本国市场上经营企业、推销商品、掠夺资源、进行经济侵略活动的代理人”。诞生于清代前中期行商制度之下的买办阶层，虽然有着服务外国商人的属性，但更多是受政府控制，然后又控制着外商，即所谓的“以官制商，以商制夷”。

十三行时期的买办大致分为两类：一类是专为停泊在黄埔、澳门水域的外商船只采买物料及食品的商船买办；一类是在外商商馆中代外商管理总务及现金的商馆买办。商馆买办由为外商服役的仆役头目演化而来，他们的身份比普通仆役特殊，必须由行商、通事结保，并向粤海关领取牌照才能充当。在部分寓居十三夷馆的外国商人眼中，买办的重要性和权柄之大甚于行商，主要的一点就是十三夷馆中所有中国服务人员，如外商会计、厨子、仆人、苦力等，都是买办自己的人。

买办不仅掌握着服务外商的人事大权，也管理着外商在商馆的办事机构和账目，甚至连存放所有现款、账本、文件和信函等贵重物品的商馆银库也在买办管理之下。一方面，他们照拂着外商的衣食住行，无微不至地侍候着洋行大班；另一方面，他们执行着政府交予的管束外国人的政治任务。买办是与外商接触最为紧密，也是最肯为外商奔走的人。虽然他们肩负着兼管外商的责任，但同样也很容易被外商支配。比如买办的薪资虽然少，但他的雇主却允许他从别的事项上获得大额津贴，类似在鉴定外国银圆时收取手续费（每1000元抽2分），商馆对外付款时收取“底子钱”（1000元以下每元收5文），采办商馆必需品时可抽佣金等。可以说，买办和外国商人因金钱关系被绑在了一起。到了后来，他们中间逐渐分化出一批人成为外商代理人，代替外商出面从事投资经营活动，并帮助外商与政府周旋，从清政府管束外商的工具变为外商进行商业扩张的工具，成为近代买办阶级的前身。

行商传奇，十三行的首富

十三行可指一片商区，一套贸易制度，也指由一群商人联合结成的公行组织。所谓的“十三”，并不具有数字上的规约，而是一群行商的统称。盐商、铁商、米商、糖商、丝绸商、陶瓷商、烟草商、典当商、布商、药商等各类商人都聚集在这里。他们是“身家殷实，赀财素裕”的商人，懂得外国语言，熟悉洋行商务，了解清政府的运作。这些行商的数目，最多的是乾隆二十三年（1758 年）的 26 家，最少的是乾隆二十二年（1757 年）的 4 家，也有刚好是 13 家的时候［嘉庆十八年（1813 年）和道光十七年（1837 年）］。

十三行行商用经济手段集散货物，办事效率高，应变能力强，美国人威廉 · C. 亨特在《广州番鬼录：旧中国杂记》

十三行同文街上的店铺商人与外商。（图片采自《广州历史文化图册》）

中这样记述道："账房先生很机智，计算迅速而且准确。行号办事敏捷，有次序，打包整齐，手法灵巧。作为一个商人团体，我们觉得行商在所有交易中是笃守信用、忠实可靠的。他们遵守合约，慷慨大方，有礼而亲切。"

这些行商实际上依靠政府给予的特权，垄断了广州的对外贸易。后来成行成市的十三家著名外贸商行有：伍秉鉴的怡和行，卢继光的广利行，潘绍光（潘振承四子）的同孚（文）行，谢有仁的东兴行，梁承禧的天宝行，严启昌的兴泰行，潘文涛的中和行，马佐良的顺泰行，潘文海的仁和行，吴天垣的同顺行，易元昌的孚泰行，罗福泰的东昌行，容有光的安昌行……这些行商首领为懂外语的同文行的潘振承。

外国人眼中的广州帽店。（图片采自《昔日乡情》）

作为官方指定的对外贸易经纪人，十三行具有的垄断性贸易特权为他们带来了财富的迅速积累，所谓“粤东十三家洋行，家家金珠论斗量。楼阑粉白旗竿长，楼窗悬镜望重洋”。很快，十三行粤商便与两淮盐商和山西晋商并称为清代中国三大商人集团。道光时期曾流传谣谚称“潘卢伍叶，谭左徐杨，虎豹龙凤，江淮河汉”。其中的潘、卢、伍、叶正是十三行的顶级富豪。

即便拥有富可敌国的财富，但在封建社会，商人的地位毕竟不高，所以发家之后的四大行商，几乎不约而同进入文化领域并将其当作一项事业来经营，或学习不辍，或投资办学，或印书贩书。时日一久，家族中也出现了颇有才名的子弟，如同文行潘氏，先后出了五位举人、四位翰林。据《番禺河南小志》记载：“伍氏喜刻书，叶氏喜刻帖，潘氏独以著作传。”伍崇曜致力于搜书、藏书、刻书，前后所辑刻书有《岭南遗书》《粤十三家集》《楚庭耆旧遗诗》《粤雅堂丛书》等。潘仕成则将海山仙馆内的数万卷藏书和一千多块名匠石刻编撰刊印成《海山仙馆丛书》，共56种485卷。伍崇曜的粤雅堂和潘仕成的海山仙馆藏书甚巨，与康有为的万木草堂、孔广陶的岳雪楼并称“粤省四家”（即四大藏书楼）。行商对于陶瓷、绘画、家具、服饰、摆设、生活模式的爱好，一度成为当地文人雅士和普通民众所追逐的潮流风向标。

潘振承：十三行商总第一人

潘振承，又名潘启，出生于福建泉州一个贫苦农民家庭，年少时便到海上当船工，三下吕宋经商，并在逗留吕宋期间学会了西班牙语、葡萄牙语和英语。之后，潘振承来到广州，在一个闽籍陈姓行商的洋行做事，经办洋行一切商务，深得信任。几年后，陈老板停业回乡，潘振承便创立了同文洋行。由于具有语言优势，加上做生意讲诚信，潘振承很快被外国商人视为“最可信赖的商人”，几乎垄断了十三行与英国的生丝贸易，是英国东印度公司最大的客户，也是瑞典东印度公司最主要的贸易伙伴。对于潘振承的实力，中西文献中都有很多记载。在《东印度公司对华贸易编年史》中，我们就能看到1730年的记载：“启官（即潘振承）过去两年完成了巨额的合约，所以没有理由怀疑他的能力和行文。”

潘振承赠送给瑞典“哥德堡号”货船的玻璃肖像画。（图片采自《广东十三行与早期中西关系》）

乾隆三十七年（1772年），英国公司在与潘振承进行一笔巨额贸易时，提出使用伦敦汇票支付货款，潘振承大胆地接受了这样的交易，这在当时以白银为支付手段的中国是不可想象的。到1823年以后，异地汇票在英美对华贸易中普遍使用，而潘振承是最早使用汇票的中国商人。

瑞典“哥德堡号”商船来广州与潘振承进行贸易时，潘振承赠送了一幅自己的玻璃画像给对方。至今这幅画像仍保留在哥德堡市的博物馆，是欧洲所有博物馆中唯一珍藏的中国人画像。乾隆二十五年（1760年），潘振承被选为十三行商总。其后，潘家成为连续出任商总时间最长的家族（达39年）。

伍秉鉴：精明的海外投资家

2001年，美国《华尔街日报》统计了1000年来世界上最富有的50人，有6名中国人入选，其中就包括十三行怡和行的主人伍秉鉴。伍家祖上是福建茶农，到了伍秉鉴父亲这一代才创立怡和行，主要从事茶叶、丝织品和瓷器的对外贸易。

伍秉鉴具有超前的经营理念，每年与英美商人贸易额高

伍秉鉴肖像画。伍秉鉴（又称浩官）为十三行怡和行行主，也是伍崇曜的父亲。他德高望重，广交美国商人，并投资他们的企业。（图片采自《清代洋画与广州口岸》）

达数百万银圆。怡和行的茶叶曾被英国公司鉴定为最好的茶叶，市场价格颇高。伍秉鉴精于投资，不仅在国内投资了地产、房产、茶园、店铺等产业，还隔着重洋在美国的“西进运动”中预感到美国经济将迎来发展，委托自己在美国的代理人投资铁路、证券和保险等业务，泛美大铁路、密歇根中央铁路、密苏里河铁路等都曾是伍秉鉴的投资对象。怡和行成了一个名副其实的跨国财团。从嘉庆十四年（1809 年）起，英国驻华历任商务监督，都必须与伍家打交道。

伍秉鉴名扬海外，在西方人眼中，伍秉鉴“诚实、亲切、细心、慷慨”。一个欠了伍秉鉴 7.2 万银圆的美国波士顿商人，因为经营不善无力偿还债务，离家多年漂泊在外，后来伍秉鉴撕掉了借据，让他安心回国。

卢观恒：大器晚成的行商

在十三行有名的行商中，虽不乏出身贫寒的人（如潘振承），但年过四十依然一无所有，尔后峰回路转，在短短几年内富甲天下的，唯有卢观恒。卢观恒四十多岁的时候，离开家乡新会来到广州谋生，帮人看守歇业的店铺。当时有外商在贸易季结束时将没有卖出的货寄放在卢观恒看守的铺中，委托他代为销售。没想到，完全没有经商经验的卢观恒居然将货物售罄，令外商刮目相看，之后他就被升为洋行买办，开始接触、学习外贸业务。

乾隆五十七年（1792 年），卢观恒正式充任行商，创立广利行，主要从事茶叶和棉花贸易。在卢观恒的经营下，广利行迅速发展，嘉庆元年（1796 年），居各商行第三位，次年跃居第二位。他自己更于嘉庆五年（1800 年）与同文行潘有度平起平坐，同为行商首领。荷兰公司的档案记载："1790年左右（前后），（中国）对外贸易就集中垄断在几家大的行号手中，其中潘启官（潘振承）和石琼官（石中和）占了所有进出口货物的三分之二，茂官（卢观恒）和沛官（伍秉钧）占了九分之二，剩余的行商占了九分之一。"卢观恒致富后乐善好施，曾经斥巨资修缮祠堂，建"萃华学堂"，为社会公益事业捐资良多。

图为卢观恒次子卢文锦肖像画。卢观恒逝世后由卢文锦承充行商，掌管行务，商名卢隶荣，外国人称其为茂官第二。（图片采自《异趣同辉》）

潘长耀：告"洋状"的丽泉行主人

潘长耀是广州本地人，生于乾隆二十四年（1759年）。35岁时，潘长耀开始在广州十三行崭露头角。潘长耀是十三行丽泉行的主人，他主要从事信贷贸易，即先赊货，再结款。这种方式为他赢得很多美国贸易伙伴，但同时也带来被拖欠货款的风险。在欠债问题上，清政府采用双重标准：若是行商拖欠外商债务，须加倍偿还；若是外商拖欠行商债务，则不闻不问。

嘉庆九年（1804年），因美国商人欠债不还，粤海关监督和两广总督互相推诿不作为，潘长耀在几个美国朋友的帮助下，前往美国宾夕法尼亚东部联邦法院起诉其里斯、格里夫斯和米福临公司，要求它们偿还2.5万西班牙银圆债务。这是中国第一起跨国民事诉讼案件。官司在反复的控告与反控告之间一直持续到嘉庆十八年（1813年），丽泉行已经濒临倒闭。第二年2月，潘长耀以中文、英文、葡萄牙文三种文字直接写信向美国总统麦迪逊提出申诉，依然无果。在信里，潘长耀尊称麦迪逊总统为"头一位大人"。他陈请了事情经过，恳请麦迪逊出手相助，维护美国商人在中国的信誉，"因昔

十三行丽泉行主人潘长耀修建的豪宅。（图片采自《昔日乡情》）

日信花旗人，故赊货物与他们，今若不还我，致使一家败坏，后来谁肯与头一位大人属下之人交易哉？”这封信如今保存在美国国家档案馆内。此后，潘长耀又向美国法院提出几次诉讼，然而，直到道光三年（1823 年）丽泉行破产，仍未收回全部欠款。

叶上林：急流知勇退

义成行主人叶上林生于广东南海，据考证其祖上是安徽或福建的茶叶商人，后移居广东。叶上林最初在十三行行商首领潘振承所经营的同文行中担任账房先生，深得器重。乾隆五十七年（1792年），叶上林离开同文行，与行商石中和合伙做外贸生意。没过几年，因资金链断裂破产，叶上林也背上了不少债务。就在这时，一位外商朋友替他还掉几笔最要紧的债务，叶上林因此渡过难关，并创立义成行。义成行创立后没多久，十三行迎来一波破产潮。叶上林趁机接手了一些资质不错的破产小行商及他们的贸易份额，迅速做大。在做生意方面，叶上林吸收了与石中和合伙生意破产的教训，只选择前景好的货物，并且只接受现银，以此快速周转，避免资金链断裂。

叶上林肖像画。叶上林，福建诏安人，世居广州西关十六甫及泮塘，是十三行义成行创立者。

19世纪初，叶上林已经坐拥千万银两的资产。他的经营范围既有输出生丝、茶叶、木材等原料品，也有输入糖、烟、酒、五金、百货等生活物资。他的名下不仅有粤海关授权经营外贸的义成行，还有纶聚号等多个商号，俨然一家大型进出口贸易集团。然而，他却在此时慢慢收缩市场份额，直至彻底退出商界，以叶廷勋（花溪老人）之名，开始了写诗读书的文人富家翁生活，把享受生活的图景和惬意写进了他的《西关竹枝词》里。也正是叶上林的退休，让叶家避开了十三行的衰退狂潮，成为覆巢下的完卵。

潘仕成：亦官亦商的“富N代”

岭南第一名园海山仙馆的主人潘仕成，是十三行行商里的“富N代”，他的先祖以盐商起家，给他留下了丰厚的家底。他继承家业后，由盐务入洋务，成为广州一代巨商，再由商入仕，历任两广盐务使，浙江盐运使、布政使，职衔达到从二品，是晚清享誉朝野的官商巨富。潘仕成一生所扮演的身份极多：他是出色的商人，把盐务和茶叶生意做得有声有色；

更是手腕出众的外交人才，是清政府对外事务的顾问，协助广东各级官员参与多次外交活动；他还是大众慈善家、军事开发的财阀、中央财政的无私资助者……他既喜好享乐风雅，玩出了一种以其姓命名的紫砂壶形制，也急公好义，办学、修路、赈灾、种牛痘，无不慷慨解囊。这种种都需要庞大的资金作为后盾。但由于经营不善，加上各方面开支负担过重，到了潘仕成晚年，潘家因财务问题横遭变故，家产变卖殆尽，连海山仙馆也被没官拍卖。潘仕成在穷困潦倒中死去。

颜时瑛：雨打风吹去

颜时瑛的父亲颜亮洲是泰和行的创始人，在雍正年间已是十三行行商之一。颜时瑛接管泰和行后，经营得法，贸易和资产规模迅速扩大。乾隆年间，泰和行已上升到十三行第三位。据史料记载，乾隆三十三年至四十四年（1768—1779 年）的行商财富排行榜中，颜氏位居第二。

颜时瑛还以构建磊园而闻名广州。相传磊园位于离西关绣衣坊不远的十八甫，颜时瑛耗费巨资，将它改建为拥有十八景的巨大园林，其规模之大、景致之美，在当时西关富商的园林中数一数二。颜时瑛生活奢靡，又极好客，磊园日日笙歌，达官显贵川流不息。

泰和行兴盛达 40 多年，于乾隆四十五年（1780 年）轰然崩塌。由于挥霍无度，颜时瑛拖欠外商巨额货款，泰和行以诓骗罪名被封，颜时瑛也被革去职衔，充军伊犁，最终客死他乡。

梁经国：逆势而上者

梁经国生于乾隆二十六年（1761 年），广州黄埔村人，早年丧父，家境贫寒。18 岁时，他入冯氏洋行做伙计。由于诚实守信、好学能干，在冯氏的资助下，他于嘉庆十三年（1808 年）取得行商资格，创办天宝行。

天宝行创立之时，正值中英关系恶化，行商纷纷破产。艰难困苦中，梁经国坚持实在诚信的经营之道，逐渐在与东印度公司的毛织品贸易和茶叶贸易中崭露头角，并因信誉良好而承保东印度公司的商船，这使得天宝行的贸易地位不断上升。

嘉庆十六年（1811 年），梁经国与其他两个行商捐资创建文澜书院。67 岁时，他退出天宝行行务。随着十三行的衰落，天宝行的后人陆续走上从政或从学之路。

十三行富商在西关兴建的庭院。

西帆东舶，相向而行

广州“一口通商”后，商船日渐增多，买卖日繁。广州黄埔口岸洋船云集，商贾辐辏，这里拥有通往亚洲、欧洲、美洲各主要港口的环球贸易航线。除俄国商队要跨越西伯利亚到中国北方边境恰克图，葡萄牙商船在澳门贸易外，参加传统的对华贸易的周边国家以及欧美各国，包括荷兰、西班牙、英国、法国、瑞典、丹麦、奥地利、普鲁士、意大利、比利时、美国、秘鲁等各个国家，都是到广州与十三行商馆进行贸易。来华的洋船中，还出现了“广州号”“中国商人号”“中国皇后号”等名称。如今在海外，我们依然能够找到以广州的曾用英文名字（Canton）命名的城镇。如美国马萨诸塞州的坎顿市（Canton）、乔治亚州的坎顿县（Canton）等。

18 世纪的欧美国家曾掀起长达百年的“中国热”。不少欧洲人如醉如痴地欣赏和赞美中国文化，将中国看作世界上最理想的国度。中国人生活用品的西传，给欧洲人带去诗情画意般的清新感受，人们竞相追逐和仿制中国风格的壁纸、青花瓷、刺绣、壁毯，并按中国样式装饰房间，中国式园林也风靡一时。

“哥德堡号”传奇

2005 年 10 月，一艘瑞典的帆船从哥德堡港口扬帆起航，沿着 200 多年前的海上航路驶往中国。它的航行引起全球关注，让整个世界又回忆起当年那段充满传奇色彩的对华贸易历史。

"哥德堡号"船模。（原件藏于广州十三行博物馆）

1731 年 6 月 14 日，瑞典东印度公司在哥德堡成立，并得到瑞典国王的特许，成为瑞典唯一一家可以与好望角以东的所有港口进行贸易的瑞典公司。1743 年 3 月，一艘名叫"哥德堡号"的木帆船从瑞典启航，开始了它对华的第三次航行。这是一次非同寻常的远航。这次航程和前两次相比，一路惊涛骇浪，充满了艰难险阻。"哥德堡号"先到西班牙将自带的木材和金属换成白银。商船行至越南海域时，遭遇了大风，只得就近在爪哇岛避风。好不容易躲过了大风，却等不来适合起航的风向，这期间又要和各路强人海盗周旋，就这样，"哥德堡号"商船在海上颠簸了一年多，直到 1744 年 9 月才抵达目的地广州。

1745 年 1 月 11 日，"哥德堡号"满载着从广州采购的足有 700 吨重的稀缺物品启程回国，其中有 366 吨茶叶、70 万件瓷器、19 箱丝绸、133 吨锡。当年 9 月，眼看着"哥德堡号"驶进港湾，猛然间，船头撞上了一块名为"汉尼巴丹"的巨

19世纪出口到欧美国家的外销画，中国样式的房间、园林及以此为主题的艺术品风靡一时。

大暗礁而搁浅，顷刻间海水滚滚涌进了“哥德堡号”……幸运的是，救援船及时赶到，船上80多名人员无一伤亡。在船沉之后，人们对水下的货物进行打捞，但也只打捞上来不到三分之一的货物。据说这些货物不但收回了远航中国的全部投入，剩下的钱足够再重建一艘“哥德堡号”，可见中国货远渡重洋后便价值不菲。

几个世纪以来，“哥德堡号”沉船的故事一直为世界各国的探险家和考古学家津津乐道，因为它不但承载着东方神秘古国的智慧和财富，更是连接中瑞两国海上丝绸之路的纽带。2006年7月18日，由瑞典政府以“哥德堡号”为原型建造的仿古木帆船“哥德堡号”重访广州，停泊在它当年下锚的黄埔港，这个时候正是清代十三行的贸易季节。这是一次真正跨越时空的航行，这一艘“哥德堡号”所承载的，除了有对200多年前贸易历史的怀念，更多的是一种文化的交流和对新时代的展望。

中国风，一个时髦的法国字眼

中国风的英语单词“Chinoiserie”源自法文单词，最初是指装饰艺术中的中国趣味，后来扩展为社会文化生活中的中国情调。这个词在18世纪中期被吸纳到英语中。从词源来分析，西方对于中国风的迷恋和诠释，最早就是从法国开始的。英语中有一句表达“到处皆是”的俗语：“from China to Peru”，即是当时贸易高潮在社会语言中的反映。

16世纪，欧亚海路交通已经开通，欧洲传教士通过海路来到中国，再度活跃起来。这些传教士大多学有所长，有天文学家、医生、画家、建筑师，他们希望以自己的才华取得进入皇宫的通行证，十三行为他们筑就了一条通往北京的桥梁。西方人初来，十三行商馆是他们下榻的客栈，行商是他们拜见官吏的媒介。其中，意大利籍天主教耶稣会士利玛窦经过努力，在北京确立了天主教的地位。协助利玛窦进行这种努力的，有几位法国传教士。在传教士的鼓动下，法国国王路易十四于1685年首次直接向中国派出了五名传教士：洪若翰（Jean de Fontaney）、张诚（Jean Francois Gerbillon）、李明（Louis Le Comte）、刘应（Claude de Visdelou）、白晋（Joachim Bouvet）。他们来到中国供奉于朝廷，在整理历法、修理火炮等方面成绩显著。时值中俄尼布楚战争时期，法国传教士在中俄谈判中担任翻译，受到朝廷欣赏。

康熙三十三年（1693年），酷爱西学的康熙帝派白晋回到法国，目的是拜访法国国王路易十四，同时聘请科学人才来中国。白晋绘制的中国达官贵族服饰图，在法国宫廷掀起了模仿华夏衣饰的热潮。1700年1月7日，法国国王路易十四在金碧辉煌的凡尔赛宫，身着中式服装，从一顶八抬大轿中缓缓走出，这里正在举办一场盛大的新世纪舞会，名为“中

19世纪法国出产的羊毛挂毯（局部），图中人物身着华夏衣饰，可见当时的“中国风”热潮。（左）

这幅版画展示了1762年威廉·钱伯斯为国王乔治三世在伦敦邱园设计的中国式宝塔。（右）

国之王”。路易十四还在凡尔赛建了一座中国宫。整个中国宫的装修是令人眼花缭乱的“中国风格”。巴黎街头上，穿中国丝绸、坐中国轿子，都是流行时尚。到了18世纪，中国风这种法国式典雅品味席卷欧洲大地，并促进了洛可可艺术风格的形成和风靡。

白晋是路易十四派往中国传教的第一批“国王数学家”。他精于天文历法，1688年2月抵达北京后，留在清宫，获得皇帝信任，担任几何学讲师，1697年，他以钦差的身份返欧，为渴望获得科学新知的康熙寻访更多“国王数学家”。路易十四看到自己派出的传教士在中国受宠，兴奋不已，随即开展对华通商。1698年，法国商船“安菲特里特号”从法国西部的拉罗谢尔港出发，驶向中国广州，从此开启了中法贸易的大门。中国的瓷器、茶叶从广州出发，不断销往法国。

瑞典的中国亭

17至18世纪，欧洲大陆普遍流行一股崇尚中式风格的时代潮流，表现为艺术品、家具、室内装饰、建筑、园林设计中充满中国元素和异域情调，并以法国、英国为引导者，逐渐席卷欧洲其他国家。18世纪，这种中国风经欧洲大陆流行到了瑞典。

1753年，瑞典的阿道夫·弗德烈克国王在特宁霍尔姆城堡（皇后岛）建了一座小而精巧的“安格鲁-中国式”园林，作为送给露薇莎·乌瑞卡皇后的生日礼物。特宁霍尔姆城堡的“安格鲁-中国式”园林，既建有中国式建筑，也点缀有哥特式、土耳其式和希腊式建筑，让置身其中的人感到轻松而新奇。园林中的舞台布景充满异域风情，营造出一种新奇体验。舞台布景有城堡，以及画满动物与人物造型的道具台柱，各种戏剧经常上演。

具有中国建筑风格的中国亭也建在该园林中，附近还有哥特式建筑和木质罗马军式帐篷。建亭初衷是营造一个如同法国洛可可艺术画家华托（Watteau）所绘制的美好地方，让远嫁的乌瑞卡皇后暂别世俗之烦。

初建的中国亭一开始只是个临时休闲场所，偶尔也会有舞台表演。不过乌瑞卡皇后很喜欢它，于是让著名建筑师卡尔·弗莱瑞克·阿德克莱把它建成永久性建筑。中国亭从外形上看呈弓形，是中国式宫殿风格与法国洛可可式建筑风格的混合体。宫殿的主体色调为红色，门窗及拐角的中继线涂成黄色，红黄相间，色彩亮丽。宫殿顶部铺的是绿色铜砖，门窗上雕刻着中国龙的形象。1769 年，中国亭和相关建筑全部建成，有数条道路连通各个建筑，周边还有棚架、珍禽馆和动物园，符合自然哲学中崇尚自然、与时偕行的理念。

瑞典中国亭堪称 18 世纪欧洲中国风热潮中最具原味的经典建筑。

“中国皇后号”——中美贸易的开端

1784 年，一艘挂着陌生旗帜的商船，驶进了广州城外的黄埔港。对于已经有多年外贸经验的行商来说，这艘船是奇特的，它的名字叫“中国皇后号”。从这条船上下来的商人说，他们来自一个新的国家——美国。

18 世纪 70 年代以前，美国是英国的殖民地。从 1775—1783 年，美国和英国打了近十年仗之后，英国政府不得不承认美国独立。英国为了报复擅自脱离宗主国统治的殖民地，

“中国皇后号”船模。（原件藏于广州十三行博物馆）

对美国商品征收重税，并对它实行经济封锁。为了走出战争造成的经济危机和应对英国贸易禁运的困境，美国急于同远在万里以外的中国通商。担负这次具有历史意义通商任务的是一艘原在海军服役的帆船，改装后被命名为“中国皇后号”（The Empress of China），含有对中国王室的尊重之意。船长格林也是从海军中挑选出来的，他从国会获得了一张“海上通行证”。

据吴玉成《中国皇后号远航广州前后》记载：“乾隆四十九年（1784年），美国商船‘中国皇后号’载货360吨，从纽约港出发，横渡大西洋，绕道好望角，经印度洋巽他海峡，于同年8月23日抵达澳门，再溯珠江而上，28日到达广州黄埔港，航程达1.3万多英里。”进港时，“中国皇后号”鸣礼炮十三响（代表当时美国的13个州），其他停泊于港内的各国商船也鸣炮回礼。格林船长曾有一则这样的手记：“‘中国皇后号’荣幸地升起了在这海域从未有人升起或看见过的第一面美国国旗！这一天是1784年8月28日。”

“中国皇后号”在广州受到了行商极为友好的招待。四个月后，“中国皇后号”的货物已全部脱手，还采办了一大批茶叶、瓷器、丝绸、象牙雕刻、漆器、桂皮、玉（肉）桂和绣金像等中国特产，往返历时一年两个月。此次航行以其特殊的意义，被载入中美两国交往的史册。借着与中国的贸易，美国成功地突破了英国的封锁。对广州来说，通往北美洲的航线被正式开辟出来了。

“中国皇后号”的成功航行轰动了整个美国，当时的各大报纸竞相报道此事，并发表大篇幅的评论，称此行是“一次远见卓识的、杰出和成果丰硕的航行”。纽约、费城等多个东海岸主要商埠的商人纷纷出动，开展对中国的贸易活动。街头更是出现了推销中国红茶、绸缎和瓷器的大型广告。美国历史上出现了第一次中国热，纽约也一跃成为早期的投资和贸易中心。

“中国皇后号”返美时，装载了大量中国工艺品。美国首任总统华盛顿闻讯鉴赏了贩回的瓷器后，一下购买了300多件，这些两个多世纪前的古董至今仍收藏在华盛顿故居维尔农山庄和宾夕法尼亚州博物馆。“中国皇后号”首航中国的成功，无疑为刚刚取得独立的美国注入了兴奋剂。华盛顿总统宣布，对华通商予以优惠和保护。美国国会给“中国皇后号”的全体船员授予极高的荣誉。

第二次开赴中国前，“中国皇后号”收到华盛顿总统开出的一份订单，要求为他的夫人采购中国的“白色大瓷盘、白色小瓷碗和好看的薄棉布”。一纸订单，透露出美国总统和第一夫人对中国瓷器、纺织品的情有独钟。据说，“中国皇后号”一个来回，其利润可达1500%，这实在是令美国官方和民间喜出望外的巨大利益。

1800年，美国商人又开辟了美国至广州的太平洋航线，即从纽约港出发，沿南美洲海岸南下，绕过南美洲最南的合恩角，取道太平洋直达广州。在十三行时期，也就是在“中国皇后号”首航后的40多年里，美国的对华贸易迅速超过了许多老牌的欧洲国家。

现在到美国旅游的人，都少不了到华盛顿转一转。在华盛顿纪念碑274英尺（约83.5米）高处的内壁上，镶嵌着一块中文石碑。这块碑是“中国皇后号”首航中国之后，于1853年由中国漂洋过海，赠予美国，作为送给华盛顿纪念碑的特殊礼品。石上碑文摘自清代曾任福建巡抚的徐继畬所著的《瀛寰志略》，徐是最早的中国“美国通”，第一次把华盛顿介绍到了中国。这块中国式的碑，亦可看作中国文化在美国的缩影。

清嘉庆年间销往欧洲的瓷器精品——广彩人物纹大碗。碗内绘有202位神态各异的清朝人物，以及岭南佳果、花鸟，富有浓郁的中国风情。

西学东渐的要冲，及第一批“开眼看世界”的人

明清以后，由于航海事业的发达，外国人来中国大多弃陆路而取水道。广州由于地理位置的优越，以及在对外贸易的特殊地位，得风气之先，成为西学东渐的要冲和中西文化交流的重要基地。

清代防夷五事的出台，使十三行成为中西文化的集中交流地。清代来中国的外国人，除了商人之外，还有仰慕东方文明的科学家、艺术家、医生和传教士，只有通过广州行商的引见，才能得到官府的报送，获取皇帝批准的进京指令。在此之前，十三行就是他们休养身体、学习中华文化的场所。康熙四十九年（1710年），皇帝嘱咐两广总督赵弘灿：“西洋新来之人且留广州学汉话，若不会汉话，即到京里亦难用他。”刚踏上广州的洋人，会被安排到商馆区内的八处天主教堂学习汉语。清代宫廷十大画家之一、意大利人郎世宁和德国天文学家戴进贤等皆是在十三行接受系统中华文化培训后进入宫廷供职。

同时，随着以广州为起点的中西贸易的发展，西方的耶稣会传教士纷纷随着商船来广州进行传教活动。他们传教的目的，是“使中国人承认和崇拜真神”，但他们大多是有学识之人，特别是耶稣会士利玛窦、汤若望、南怀仁等人，以传播科学知识为布道手段，把西方先进的科学文化知识传到中国，从而促进中国科学文化向近代化发展。这些传教士是明末清初西学东渐的骨干，他们经广州传入中国的西方文化

广州海幢寺于乾隆末年对外国人开放。（图片采自《大清帝国城市印象——19世纪英国铜版画》）

大体有天文学、数学、舆地学、炮术、物理学、医学、美术和建筑八个方面。

广东地区历史悠久的对外贸易传统，以及在行商制度下与来华外国人的深度接触，令十三行行商的眼界远远高于同时代的国人，成为中国第一批“开眼看世界”的人。他们意识到中西科技方面的差距，积极出钱、出力试图改善局面。如鸦片战争期间，十三行商人率先捐资引进西方先进技术，提升广东水师的装备；潘世荣致力于仿制当时世界上最先进的火轮船；潘仕成高薪聘请美国海军军官仿制出中国最早的近代化水雷“攻船水雷”；郑崇谦积极推行施种牛痘，是最早传播牛痘法的中国人；伍氏家族则在将西医引入中国方面贡献良多，中国最早接种牛痘的医院“种牛痘局”和彼得·伯驾的“眼科医局”也都得到伍氏家族的大力支持。可以说，十三行商人是“师夷长技以制夷”的最早实践者，比晚清的洋务运动还早了20年。

从十三行诞生的“广东英语”

随着商贸活动的广泛开展，语言不通成了一个显而易见的障碍。为了便于与外国商人交流，外语成为十三行商人必备的技能。大约从乾隆十五年（1750年）开始，在广州出现了所谓的“广东英语”（Pigeon-English），指行商用广州话注音，带有浓重广州话口音的英语。据统计，至1949年，用广州话标注的“广东英语”单词有160多个，几乎都是围绕着贸易展开的。例如：Have you bought some tea from him?（你是否曾经向他买茶？）广东话的英语标注为：“哈父夭砵心哋父林谦？”

“广东英语”发音虽然不标准，但是在谈生意时很管用，十三行行商甚至承担起政府的翻译工作。英国贡船入京见嘉庆帝的时候，皇帝宣召两名熟悉英语的行商作为翻译；两广总督收到外国大班的公文，也是由行商翻译成中文的。五口通商之后，“广东英语”后来随着行商到上海经商而流行于洋泾浜，演变成“洋泾浜英语”。

十三行街：牛痘法由此传遍全国

明末清初，西医通过传教士深入中国宫廷，深受信任。雍正以后，清政府禁止传教，西医随着贸易活动开始进入广州。这期间，通过十三行商人的努力，引进了造福民生的牛痘疫苗。

痘症，又称天花，是一种烈性传染病，一直被视为不治之症。实际上，明清时期的天花肆虐，曾造成大量人口死亡，甚至对清初的施政也产生了严重影响。据《清宫档案揭秘》记载，清朝入关后十位皇帝中，顺治、同治直接死于天花。当时造成婴幼儿大量死亡的原因主要是疾病，而天花名列杀手之首。

1796年，英国医生爱德华·琴纳发明了接种牛痘预防天花的方法。19世纪初，牛痘接种法经海上丝绸之路传到澳门，由英国东印度公司的亚历山大·皮尔逊医生开办了诊所，嘉庆十一年（1806年），在广东地区爆发天花病时以接种方式挽救了数千人的性命。皮尔逊收了四个中国人当助手，其中一个叫邱熺的商人学得最好，他把牛痘接种法带到广州，得到十三行行商的大力支持，合资向大众免费推广牛痘接种法。自嘉庆十五年（1810年）至道光二十年（1840年），广东接种牛痘者达30万人次。当时，十三行行商郑崇谦翻译出版了《种痘奇书》；嘉庆十五年，行商伍秉鉴、潘有度、卢观恒集资数千元在洋行商馆为人接种，先后共有100万人接受种痘，开中国种牛痘防天花的先河。

道光八年（1828年），行商潘仕成把种牛痘局开到了北京宣武门外上斜街的南海会馆。此后50年，牛痘接种法依次传至湖南、湖北、江苏、安徽、江西、浙江、四川、天津、山东、广西等地乃至全国，对中国预防天花做出了很大贡献。

中国最早的眼科专科医院

在“开眼看世界”思潮的激励下，广州出现了新的社会景象，不但西方医学和技术得到越来越多人的认同，而且了解西方、介绍西方和学习西方的风气为之兴起，使广州成为当时中国人“开眼看世界”的活动中心。

在十三行商区，诞生了中国最早的眼科专科医院。1835年，美国传教医师彼得·伯驾来到广州，得到怡和行等行行商的支持，在新豆栏街丰泰行3号租借一幢商人的房子，于11月4日开设“眼科医局”（又称“新豆栏医局”）。这个医院的规模不算小，设有接待室、诊断室、配药室、手术室和观察室，能容纳200个病人候诊。伯驾在这里成功施行了第一例白内障手术。由于求医的人太多，怡和行又把丰泰行7号楼房免费借给伯驾以扩充医局分院，起名为“博爱医院”（即后来的

中国画家关乔昌作品：美国传教士兼医生彼得·伯驾博士和他的助手在广州诊所为患者做眼科手术。（左）（图片来源：FOTOE图片库）

英国画家乔治·钱纳利作品：郭雷枢医生诊所。郭雷枢是东印度公司雇用的专业医生，在来广州做传教医生前已经做过五年商船外科医生。（右）（图片采自《东西汇流》）

博济医院前身）。1865 年，博爱医院迁至长堤现址，更名为“博济医院”；1866 年，博济医院增设“博济医学堂”，后改名为“南华医学堂”，并于 1879 年开始招收女生。1880 年，博济医院创办《中华医报》，揭开了中国现代医学杂志史的第一页。1985 年，博济医院由卫生部更名为“中山医科大学孙逸仙纪念医院”。

西医行医时，一般需要中国助手。1835 年，伯驾在广州为自己的三名助手开了一个医学班，这是中国西医教育的雏形。后来，一批又一批年轻人开始学医，他们中的不少人学成之后便开始在其他地方独自行医，使得西医在中国民间开始传播。这些最早掌握西医科学知识的中国医生从十三行街产生，他们被称为“中国西医的先导人”。

行商推动岭南教育近代化

清代广东行商集团有一个特点：在发家致富之后，几乎都走上了学习儒学和投资文化教育以及科学技术事业的道路，形成一股亦商亦儒，贾而好儒的社会风气和社会现象，客观上推动了岭南文化向近代化发展。

大约从乾隆二十年（1755 年）开始，在行商捐资办学的影响下，广东地区掀起了一股兴办书院热潮，到了道光二十年（1840 年）前后，仅广州就有包括越华、文澜等知名书院在内的书院 30 间。广州书院除了教授文学、音韵、训诂等传统课程外，还仿照近代西方国家学校增设了数学、天文、地理、历法等自然科学知识的课程，培养出很多广东近代革新派的思想家，为加快中国社会近代化进程做出了不可磨灭的贡献。例如先后肄业于羊城书院和越华书院的朱次琦，就主张经世致用，不空谈阔论。后来他又以新学来教育学生康有为。康有为成为维新派代表人物，与受到新学的熏陶不无关系。

广东也是积极响应1909年“废科举，兴学堂”浪潮的地区，不仅将书院改为学堂，还兴办了一批新式学堂，其中包括诸如培正、真光、培英、东山、金山等名校，客观上推动了全国的教育改革。

对外贸易与纺织业的发展

清代广州出产的棉花，以轻暖闻名，号称“广花”，织出的棉布较英国棉布物美价廉，是十三行对外出口的大宗商品之一。旺盛的对外贸易需求带动了广州纺织业的发展，西关大片区域被辟为街道，设立厂房，成为广州的纺织业基地，涌现出一批与纺织有关的地名，如锦华大街、经纶大街、麻纱巷等。

纺织业的发展带动了印染、晒、浆缎、机具、制衣、制帽、鞋、袜、绒线等相关行业的兴起，西关第六甫、第七甫、第八甫至长寿里、青紫坊、芦排巷一带成为近代工业区——机房区。由纺织业发家的富商纷纷在靠近机房区的西关角一带兴建住宅，使这一片地区发展成为高档住宅区——西关大屋，继而诞生了广州近代女性人文标志——西关小姐。

行商庭园：18 世纪西方关于中国的浪漫想象

“行商庭园”是由岭南著名建筑大师莫伯治率先提出的概念，指清代由十三行行商所修建的私家园林。行商庭园集中分布于广州城西、河南（今海珠）、花地（今荔湾）一带，除作为行商生活起居之所外，也是与洋商联谊的重要场所，在广州的对外事务上发挥着极重要的作用。清政府规定外国人不许随意在广州走动，而行商庭园是他们活动的有限场所之一。这些精美的岭南园林及造园思想令他们印象深刻，是当时外销瓷器、壁纸、挂毯、家具装饰中常见的主题，传到西方后，对 18 世纪欧洲宫廷的审美意趣产生极大影响。法国、英国、德国的宫苑园林，都出现了亭、榭、塔、桥和假山曲径等中国风格的建筑元素，仅巴黎就有 20 多处中国式风景园林。

外销画中的行商庭园。（原件藏于广州十三行博物馆）

伍家花园：西方人最熟悉的“浩官花园”

在当时广州众多的行商庭园里，最被西方人频繁提到的是“浩官花园”（Howqua's Garden），也就是怡和行伍氏家族的伍家花园。19世纪来华的西方人都以能造访伍家花园为荣。

伍家花园主要包括河南伍园和花地馥荫园两座园子。河南伍园位于珠江南岸，建于嘉庆八年（1803年），是伍氏家族根基所在，家宅、宗祠皆建于此，还有一座精美的园林万松园，主要建筑包括粤雅堂、宝纶楼、听钟楼、揖山楼、听涛楼、延晖楼、枕流室等，是一个祠、邸、园及原有景物融汇一体的宏大园林景观建筑群。馥荫园原本是同文行潘氏的东园，被伍氏接手后改为馥荫园。花地自古花场云集，是当时西方博物学家采集广东植物花卉样本的主要场所。位于花地河入口东南侧的馥荫园以花木种植闻名，是伍氏避暑消夏和接待外国商人之地。

到过伍家花园的外国人中，地位最显赫的要数乾隆年间的英国使臣马戛尔尼。而曾随英国使团下榻伍家万松园的特使乔治·伦纳德·斯当东，也在他的回忆录《英使谒见乾隆纪实》中这样写道：“馆舍房间陈设为英国式样，有玻璃窗及壁炉。广州虽然接近热带，但对英国人的生活习惯来说，在屋里生一点火感到特别舒服。馆舍四周是一所大花园，有池塘和花坛，另一边是高台，登台远望，广州全城景色及城外江河舟楫俱在眼前。”

潘有度家的庭园。（图片采自《大英·第三卷》）

潘家花园：媲美王宫，名噪百粤

乾隆四十一年（1776 年），同文行行商潘振承买下今广州海珠区漱珠涌一带 20 公顷河洲地，在这里开基立祠，以福建老家的名字命名为龙溪乡，并修建了漱珠、环珠和跃龙三桥，由此拉开潘家花园长达百年的建造序幕。整个潘家花园系一大型的私家园林别墅群，以一个巨大的方形池塘为中心，由潘家子孙沿塘先后建造庭院、别墅、书斋、花园等各种建筑，如潘有为所建的六松园、南雪巢、橘绿橙黄山馆、看篆楼，潘有度所建的漱石山房、义松堂、南墅，潘正炜所建的清华池馆、听帆楼等，规模宏大，雍容大气，彼此借景又各有特色，时人有诗云："芳园风日倍精神，屈曲高低妙出新。傍水楼台都入画，引雏莺燕故随人。"漱珠涌也成为当时最为繁华风雅的地方。看过潘家花园的西方人都会震惊不已，大叹西方的皇宫也不过如此。中西画家也将潘家花园作为描绘的对

潘有度家的庭园。（图片采自《大英·第三卷》）

象，制成外销画，销往世界各地。

海山仙馆：岭南第一名园

道光十年（1830年），潘振承的族曾孙潘仕成买下西关荔枝湾方圆数百亩地，开始建造号称“广州私园之冠”的海山仙馆。海山仙馆所在位置是南汉国的御花园——昌华苑旧址，西、南面有珠江与白鹅潭，东边是西关民居，北边是田野和山岗。为了呼应与融入天然山水，馆内亦开凿了百亩大湖，并堆土成山，遍植花草果木，不以华丽取胜，而是将文化传承、地域特色与田园景观三者融为一体，情景互衬，天人合一，体现了岭南园林艺术最高超的境界与精髓——素雅及精致，被时人誉为“妙有江南烔水意，却添湾上荔枝多”。

由于潘仕成亦官亦商的身份，海山仙馆遂成为重要的外事活动场所，不仅接待过美国作家威廉·C.亨特、法国摄影师于勒·埃及尔、英国著名摄影师和作家约翰·汤姆森，甚至1846年美国首任驻华公使义华业向耆英递交美国总统致清廷国书的仪式就在这里举行。威廉·C.亨特在《广州番鬼录：旧中国杂记》中，对潘仕成的花园做了这样的描述："这是一个引人入胜的地方。外国使节与政府高级官员，甚至与钦差大臣之间的会晤常常借这里举行。这里到处分布着美丽的古树，有各种各样的花卉，如柑橘、荔枝以及蟠桃。院子里还养了鹿、孔雀、鹳鸟以及羽毛美丽的鸳鸯。"

在广州城市发展史中，行商庭园可谓惊鸿一瞥，它在短短百年里迅速兴起又迅速衰败，只有零星故迹留存至今。鸦片战争之后，中国由"一口通商"变为五口通商，广州对外贸易专营优势不再，十三行渐渐败落乃至瓦解。作为十三行的衍生物，珠江西岸众多的行商庭园也随之萧索。更主要的原因是，清政府长期以来对十三行行商各种严苛的规定、勒逼、盘剥，让行商稍不注意就获罪流放、家财尽散。如海山仙馆因潘氏获罪而被朝廷抄没拍卖，随后被支离拆卖而消失，只存在了40余年；潘家花园因潘家中落被没收充公；伍家花园、潘长耀花园则或因业务收缩，或因商行倒闭而逐渐败落。

此后，随着清末民初广州城市人口激增，河南地区被大规模开发，越来越多的民居侵占园地，这些精美的园林最终消失在民宅街巷之间。

西关大屋：商业催生的建筑艺术

财运亨通的黄金旺地，引来殷商巨贾置地建园。在十三行附近的荔枝湾一带，从今天的宝华路开始，经耀华大街、宝源路、多宝路、逢源路等地，一路向泮塘，连片的大屋便日渐兴盛起来，因为是大豪宅，老广州人就把它们统称为“西关大屋”。用《广州城坊志》里的话说：“绅商相率购地建屋，数十年来，甲地云连，鱼鳞栉比，菱塘莲渚，悉作民居，直与泮塘等处壤地相连，仅隔一水，生齿日繁，可谓盛矣。”在十三行的鼎盛时期，花园式洋房与西关大屋象征着权力与财富、现代与传统，两者各分东西，相辅相成。

西关大屋兴起于清末，延续到民国，其形制按时代的早晚分为岭南传统建筑、中西结合的宅子、纯西式洋楼和红砖小楼房，反映了不同时期广州上流社会的审美情趣和流行风尚，具有浓郁的时代特征。

西关大屋的特征是平面呈狭长的方形，面阔小而进深大，很好地适应了岭南地区夏季高温、多雨、潮湿的气候特征，狭长的房屋布局能增强空气对流，再配以院子、天井、敞口厅、青云巷、天窗、侧窗以及可以活动的屏风、满洲窗等结构，将穿堂风聚拢增强，令房子冬暖夏凉，舒适宜居。西关大屋主体结构为平面三间两廊，主要厅堂居于纵向中轴线，两侧是对称的偏厅、小院、书房、客房、卧房、厨房及用人房。最外层为两条贯通的巷道，有通风、防火、排水、采光、晒晾、交通、栽花木等多种功用。

提到西关大屋，老广州人通常会用一句俗语来概括：“西关大屋三件宝——青砖石脚三重门”，这是如今被多数人认定是否是西关大屋的三个评断标准。青砖和石脚的作用在于防潮，青砖产自东莞、清远一带，砌于外墙，以色泽青碧如玉者为上佳。好的青砖墙不仅要求青砖质地坚硬，外形规整，对砌者的手艺也有很高要求，讲究的青砖墙砖缝之间连刀片都插不进去，可历经数百年而不磨蚀。石脚用打磨平滑的花岗石拼砌而成，类似台基，距地面高度从 70 至 100 厘米不等。石脚讲求接缝越少越好，因此多以大块整石构建，十分耗工耗银。渐渐地，青砖和石脚还附加了“炫富”功能，哪座大屋青砖的颜色越青、接缝越细密，砌石脚的石块越大越平滑、接缝数量越少、石脚高度越高，就表示屋主的财富越多。

三重门是岭南人为适应气候环境而发明的，集安全、通风、私密性于一体，从外向内共有三重。临街第一重门叫“矮脚吊扇门”，简称脚门，外形像四折屏风。脚门上半部分雕成精致通透的花纹，题材丰富多样，有吉祥花鸟图、菱形网格图、平安花瓶图等。第二重门即趟栊门，为岭南特有建筑构件，因独特的横向开合方式而得名。趟栊门像打横放置的栅栏，由数条粗大坚硬的圆木镶于两根竖板上，竖板下方安有滑轮，可以沿着镶于门槛上的铁轨左右拉动。它的门锁为木制的顶闩，隐藏在另一侧的大门后，一旦有外人硬闯，屋内人只需将闩轻轻按下，即可顶死趟栊门令其不能开合，具有极高的安全防盗性能。第三重是西关大屋真正意义上的大门，分左右两扇，或施朱或染墨，再刷以桐油清漆，配上黄澄澄的铜环拉手，显得厚实端庄。

西关大屋最引人注目的莫过于精美的满洲窗，如今也是岭南文化符号之一。满洲窗由传统的木框架镶嵌套色玻璃蚀刻画组成，最早兴于乾隆时期，是驻防广州的满族八旗兵自北方带来的满族窗户样式，后来渐渐流行于西关地区，在富裕阶层中蔚为风尚。

随着十三行对外贸易的繁荣，西方的彩色玻璃和套色玻璃蚀刻画技术传入广州，与原有的满洲窗样式结合起来，形成了彩色满洲窗。套色玻璃蚀刻画本身也是一种中西合璧的工艺，它采用蚀刻、磨刻或喷砂脱色等西式技术对进口玻璃材料进行处理，而图案的内容和绘制手法则遵循中国传统。玻璃蚀刻画有红、黄、蓝、绿、紫、金等色，通过不同形状的窗框与窗格，将色彩加以分割搭配，使窗户显得明艳通透、雍容典雅，也是岭南建筑艺术的瑰宝，广府文化的重要符号之一。

广州恩宁路一带的西关大屋。（左）
西关大屋的主厅堂。（中）
西关大屋内精美的满洲窗。（右）

十三行最后的岁月

“一口通商”和十三行贸易专营，不仅使广州的对外贸易空前繁荣，还推动了广州社会经济的发展。然而，广州的贸易向全球扩展，在加强中国与世界各国经济和文化交往的同时，也给中国带来了深重的忧患。

鸦片战争爆发

在十三行的经营下，从1700年到1840年期间，欧美运抵中国的白银就高达1.7亿两。英国为了扭转在中英贸易中的逆差地位，扩大中国市场，进而实现侵占中国沿海领土的野心，开始向中国进行罪恶的鸦片贸易。作为中外贸易的枢纽，十三行商馆成为鸦片非法经营的基地，大量英美烟贩在这里开设洋行贩卖鸦片。随着鸦片的大量涌入，19世纪30年代的中国出现了被魏源称为“三千年未有之奇祸”的烟害泛滥情景，给中国社会带来深重的灾难，白银外流、吏治腐败、军纪废弛、百姓疲敝。面对如此严重的鸦片危害，林则徐说：“若犹泄泄视之，是使数十年后，中原几无可以御敌之兵，且无可以充饷之银。兴思及此，能无股栗？”

1839年3月10日，林则徐抵达广州。在抵达广州伊始，林则徐便立即从断源与收缴两方面双管齐下，以根除烟害。这一年的夏天，广州的外国洋行被迫交出存货。从3月28日起的数天内，英美烟贩共呈缴鸦片20291箱。6月3日至25日，林则徐下令将缴获的鸦片在虎门海滩当众全部销毁。

林则徐广东禁烟的消息传到伦敦，英国国内鼓吹中国禁烟是对英国的“侮辱与侵略”，中英关系极度紧张。1840年，英国政府以林则徐的虎门销烟为借口，派出远征军侵华。同年6月，英军舰船47艘、陆军4000人在海军少将乔治·懿律、驻华商务监督查理·义律的率领下，陆续抵达珠江口外，封锁海口，鸦片战争开始。

清政府由于在鸦片战争中战败，于1842年8月29日，与英国侵略者签订屈辱的《中英江宁条约》（即《南京条约》）。条约中第五条规定：“凡大英商民在粤贸易，向例全归额设行商，亦称公行者承办，今大皇帝准以嗣后不必仍照向例，乃凡有英商等赴各该口贸易者，勿论与何商交易，均听其便。”这样，十三行独揽对外贸易制度遂告废除。原十三行改称茶行，继续经营茶、丝等大宗贸易。

十三行的三场大火

在十三行160多年历史里，曾发生过三次很大的火灾，最后一把火彻底烧掉了十三行。

第一次大火是在1822年，十三行附近一家饼店失火，波及十三行。大火燃烧了两日，多间夷馆、洋行被烧毁，只有丹麦、英国东印度公司和荷兰公司的商馆保存下来，共计“焚烧一万五千余户，洋行十一家，以及各洋夷馆与夷人货物，约计值银四千余万两”，“洋银融（熔）入水沟，长至一二里”。

1842 年 12 月 7 日下午，100 多名英国士兵抢劫一家水果店并划伤店主的恶行让愤怒的民众半夜火烧英国商馆，直到第二天才被扑灭，这是十三行遭遇的第二次大火。

1856 年，厄运再度降临。第二次鸦片战争爆发，英军攻破广州外城。愤怒的民众纵火焚烧十三行。这场大火比 1822 年那场更为惨烈，多少锦绣绫罗、名贵漆器、精致牙雕、金

1822 年，十三行遭遇第一次大火。火势凶猛，蔓延数日，大量财物被毁于一旦。大火过后，出现了一个奇特的现象，“洋银融（熔）入水沟，长至一二里”，真实地反映出当时行商的富裕程度。（图片采自《珠江风貌》）

银玉器，百宝万货，连同所有的夷馆建筑，统统在大火中灰飞烟灭。

第二次鸦片战争爆发后，十三行彻底消亡——不仅指行商制度的崩塌，也指商馆区的消失。表面上是一把大火烧掉了十三行，实际上因为行商制度和各级官吏的压榨弊病已久，拖垮整个行商阶层只在早晚。“一口通商”虽然让行商尽享先占优势，但与保甲制度无异的“保商制度”，无穷尽的纳贡、摊捐和勒索，各种债权与债务罗网早就令行商负枷前行，举步维艰，加上英国为了扭转贸易逆差悍然走私鸦片，以及因此爆发的两次鸦片战争，随之而来的五口通商取代“一口通商”，中国在世界政局中的地位变化等等，种种因素终于使存在了 160 多年的十三行宣告终结。

英法谋求租界沙面

1859 年，十三行只剩下一片颓门败瓦的景象。占领广州的英、法两国开始物色更好的商业基地，英、法两国以“十三行被毁，需恢复商馆洋行”为借口，胁迫清政府把沙面划为租界，又在其北面挖掘人工河，化洲成岛，并在 1861 年迫使两广总督签订租约，自此沙面成为英法租界。两国各自范围内均有一桥与中国大陆（华界）相通，规定沿沙面河涌宽 90 英尺（约 27.4 米），贴近沙面的 45 英尺（约 13.7 米）范围属于沙面租界，中国船只不能停泊。

沙面慢慢成为各国建筑在广州的展示地，曾有 10 多个国家在沙面设立领事馆，9 家外国银行、40 多家洋行在沙面经营，粤海关会所、广州俱乐部等在沙面相继成立。随着沙面租界商业、金融业的发展和兴旺，人们逐渐淡忘了那曾经独领风骚的十三行。

相对于隆隆的炮火，珠江边上十三行这个繁华商埠的消失可能显得微不足道。然而它就像一个符号，预演了清政府的崩塌——十三行的命运象征着国家的命运，正是清朝由盛到衰的一个缩影。

炮火下的十三行商馆区。1841 年 3 月，英军再次北上，连陷十余座清军炮台，重占十三行街区，在夷馆再次升起英国国旗，兵临广州城门。（图片采自《广州百年沧桑》）

转战上海滩，十三行的延续

在清政府的倾轧之下，许多行商破产倒闭，一纸《南京条约》也结束了广州“一口通商”的时代。中国五个口岸同时对外商开放，外贸中心很快由广州转至上海，同时南边的香港开埠后，贸易也日渐繁荣起来，广州十三行的垄断局面被打破。

广州的独占优势不再，大批外商纷纷转向更接近生丝和茶叶产地的宁波、上海，嗅觉灵敏的十三行行商也随着外商转移到上海，又带动一批为商行做事的广东人来到上海，形成了上海第一波移民潮。

19 世纪 50 年代，上海取代广州成为中国最大的贸易口岸，追溯这背后的发展轨迹，第一批开拓者很多都是广东商人。上海开埠前，广东人贩卖上海的货物，以砂糖为大宗，红木、香料、染料（苏木）也不少。伴随着上海崛起，广东输往上海最惹眼的不再是货物，而是一群被称为“买办”的人。由于广东人与洋商在十三行时代结下的历史渊源，最初的上海洋行买办，“半皆粤人为之”。

广东行商到了上海后，买下大片房产和地产，计划打造成上海版十三夷馆租给外国商人。但由于地方官员收受了英国商人的贿赂，广东行商名义上虽是房产和地产主人，却被剥夺了对房产和地产的处分权，在收不到租金的情况下，被迫永久租给英国人。依托这块租界，英国商人在上海站稳脚跟，并一步步扩张，这一带最后形成了举世闻名的外滩。

清代檀香木雕庭院人物纹名片盒。檀香木质，盒身正反两面剔地浮雕亭台楼阁、人物，盖边和盒底边饰花卉、瓜果纹。图案精雕细刻，打开盒盖，仍有余香。（原件藏于广州十三行博物馆）

第六章

十三行艺术——手工艺大繁荣的时代

妙手夺天工，粤工入禁城

清代广州的工艺水平之高，蜚声海内外。十三行时期，西方对于具有中国意象的各种精美器具和工艺品需求量很大，这些物品在中国对外出口贸易中所占比重大，促进了广东手工艺的发展。全盛时期，十三行一带有 5000 多家专营外销商品的店铺，约 25 万匠人专门从事外销工艺品的生产和制作，涉及漆器、银器、瓷器、纺织、绘画、雕刻等各个行业。艺术史家克罗斯比·福布斯称："广州的工匠群体里，有瓷器工和珐琅画工、油彩工和水彩画工、织工和刺绣工、银匠和其他金属工匠、雕刻匠、镀金匠、细木工，在相当长的时间内制作了许多质量稳定、品位出众、种类多样的商品。全世界没有任何其他工匠群体可以与之比拟。"十三行的外贸传统不仅拓宽了商人的眼界和见识，同样也拓宽了工匠的眼界和见识。他们站在中国对外的最前沿，感受着"西风"的吹拂，从商业与时代的需求中获取灵感，把欧洲绘画、磨花玻璃、珐琅彩、自鸣钟等工艺与本地传统结合并加以创新，制造出了独具魅力的十三行工艺品。

十三行不仅向清廷供应来自西洋的奇珍异宝，也源源不断地输送着技艺顶尖的匠人。例如，清代宫廷十分青睐西洋玻璃制品，康熙年间，十三行的工匠程向贵、周俊二人，率先掌握了欧洲磨花玻璃技术。他们被召入宫廷玻璃厂，制造的中外玻璃技术融合作品"雨过天晴刻花套杯"达到了当时工艺美术的最高水平。此外，供职宫廷的不少珐琅技师也来自十三行；清宫造办处自鸣钟的技术骨干除了西洋人就是广东人。广州牙雕工匠的技术水平在雍正时期已胜过苏州工匠，如广州陈祖章父子于乾隆六年（1741 年）雕制的牙雕珍品《月曼清游册》。广东的木器工艺在工匠进入宫廷后声名大振，乾隆元年（1736 年）造办处正式成立“广木作”，广东木作从此成为享誉全国的一个主流派别。

清代贝壳彩绘罗汉图摆件。这对摆件采用完整的贝壳制成，以具有天然亮丽光泽的内壁为地，彩绘九名罗汉，并饰有各类树木、山石、花鸟。人物描绘细腻，富有动态，颜色鲜艳，配有随形定制的红木梅枝底座。（原件藏于广州十三行博物馆）

19世纪玻璃画仕女图。玻璃画是外销画的重要画种之一，制作者采用反笔彩绘技法，在玻璃背面施以油彩绘制。这幅画色彩亮丽、笔触细腻。画中的仕女手捧茶杯，充满浓厚的东方情调。（原件藏于广州十三行博物馆）

新奇外销画，飞入百姓家

十三行商贸时期，中西方的文化交流进入空前繁荣的时代。18 世纪中期到 20 世纪初，为了满足西方消费者对“中国趣味”风尚的追捧，在十三行商区出现了一批中国画师，他们将中国传统绘画技法与西洋技法如透视法、色彩晕染、绘画形式和颜料画材等相结合，以富有中国情调的人像、风俗、庭院、花鸟、植物、自然风光、城市景观、船只港口、生产交易等为题材，创制出一种既不同于传统中国画，又与西洋画有所差异的美术作品，主要行销海外，在当时被称为“中国贸易画”。在粤海关的货物税单上，这类洋画被称作“油漆画”。因采用西方绘画技术和材料绘制，又流回国外市场，这些画又被后人称作“外销画”。

外销画是一个相对宽泛的概念，包括油画、玻璃画、水彩画、水粉画、通草画等，由于作品极富“中国趣味”，深受西方欢迎。据说，在外销画最繁荣的时候，仅十三行地区就有 30 家画馆、两三千名画师。

19 世纪 30 至 60 年代，是广州外销画的鼎盛时期。这一时期，出现了一批杰出的中国早期外销画家。他们留下一些有相当水平的画作，而他们原本的真实姓名却不为人知，人们知道的只是在创作外销画时所使用的英文名字，如（翻译后）：新呱、林呱、庭呱、煜呱等。“呱”字洋文写作“Qua”，从葡萄牙语词“Quadro”而来。“呱”是当时的外商，特别是十三行内的洋人称呼中国外销画家的习惯，主要是为了方便记忆及称呼，这个“呱”后来也逐步发展为画店、作坊的名称。

清代外销水粉画：广州十三行贸易码头。关联昌绘于 1855 年。（图片来源：FOTOE 图片库）

19 世纪极富“中国趣味”的外销通草画。（原件藏于广州十三行博物馆）

欧洲人看见商行的呱字招牌，便知道店里做的是洋画生意。

外销画的画家和画风

明代晚期，西洋画和西方雕塑已经通过传教士传入中国宫廷。到了清代早期，部分外国传教士画家还被皇帝征召为宫廷画师，奉旨创作。严格来说，宫廷西洋画并非外销画的前身，外销画由民间商业需求中产生，自由、自发、草根，有着强烈的生命力和传播力。十三行外销画历史上有几个相当有名的画师，他们学习西洋绘画技法的途径主要有出洋学习、当来华外国画家的学徒和外销画画师之间互相传授三种，但更多的无名画师仅仅通过模仿或得到零散的指点便开始从事绘画工作。他们中的很多人只掌握了一点皮毛知识，因而所绘的外销画品质并不高，被当成廉价的旅游纪念品或贸易品，以量大取胜。英国美术史家苏立文曾如是评价外销画——“像沙子那样掉入下层专职画家和工匠画家的手里”，道出了当时外销画水平参差不齐的状况。

对广州外销画影响最大的外国画家是英国的乔治·钱纳利。他于1792年进入伦敦皇家美术学院学习，不同于那些仅接受不同程度艺术训练的传教士，他的同学是19世纪著名的风景画家透纳，老师是受到普遍尊敬的英国皇家美术学院院长雷诺兹。钱纳利不是严格意义上的外销画家，但他的画风对中国外销油画的发展影响巨大。他给我们留下的财富不仅仅是卓越的作品，更是他来华期间影响与培养的熟练掌握了西方绘画技术的中国画家，19世纪中期广州著名的外销画家林呱（关乔昌）就是钱纳利的弟子。钱纳利以“华丽风格”著称，尤其擅长女性肖像画，在表现上以奔放的笔触、明亮

乔治·钱纳利晚年自画像。钱纳利的画作，客观上对中国油画的发展起到促进作用，他将19世纪的英国画风带入中国，在华南一带——特别是广州，广为传播。

的色彩和强烈的对比为特征，这些特征在现存很多十三行外销画中仍能找到。

钱纳利于1825年到达澳门，此后在中国的华南地区居住了20多年，直到去世。钱纳利在澳门开设了画室，为欧洲人和中国显贵绘制画像。他时常往来于澳门、广州、香港三地，留下了大量反映市井街头的速写、素描、油画和水彩作品。受其影响，中国画师绘制的外销油画也多以肖像画和港口风景为主。

关乔昌（林呱）是19世纪中期广州最重要的外销画画师之一。他早期从本地画师那里学到写实油画技巧，后跟随乔治·钱纳利学画，掌握了英国学院派肖像画技巧。在钱纳利的熏陶下，他的绘画技法迅速长进，在广州、澳门开设了画室，他不仅富有商业头脑地在门牌广告上标明："林呱，英国和中国的画家"，还在名片上自称"中国的托马斯·劳伦斯"以招徕顾客。

关乔昌一生极为高产，其中既有粗劣的流水线产品，也不乏艺术水准极高的精品。1835年，由其创作的《老人头像》入选英国皇家美术学院展，他也因此成为最早在欧洲画展上亮相的中国画家。流传至今的伍秉鉴画像就出自关乔昌之手，他还以同样的角度、姿势和手法为30岁和52岁的自己画了两幅自画像——浓重的黑色背景下，人物被一侧打来的光照亮，形成立体生动的阴影，展现了其对古典主义伦勃朗光线的纯熟运用。

关乔昌的作品在英国皇家美术学院展出10年之久，也曾赴美国纽约、费城和华盛顿参展。当代国画大师刘海粟曾指出："中国西画真正的先驱，应当是这些无名的大家，林呱就是其中之一。"

关乔昌自画像。（图片采自《清代洋画与广州口岸》）

绘于 1855 年的纸本水粉画：关联昌（庭呱）画室。关联昌是当时最多产的外销画画师之一。（图片采自《东西汇流》）

关乔昌的四弟关联昌也是有名的外销画画师，英文名音译为“庭呱”，他擅长的领域是水彩画和细密画，以成套的人物风俗画和生产风俗画著称。关联昌很懂外销画的经营之道。当时不少西方人很想了解中国茶叶、丝绸和瓷器等的生产过程及中国风俗，关联昌就趁势推出了成套的风俗画，如描绘广州三百六十行的市井风情画，每套 120 幅，内容包括锁鞋边、执字纸、算命、钉屐、卖葵扇等。

由于工作量太大，关联昌在十三行同文街 16 号开了一间画室，雇佣学徒和画师如流水线工人般进行创作。绘制于 1855 年的水粉画《庭呱画室》以从外向里看的视角，记录了当年关联昌工作室的实景和画工的工作状态。关联昌存世画作很多，其代表作为《插秧》，现收藏于美国皮博特·伊赛

广州外销画画师史贝霖笔下的广州丝绸商人。

克斯博物馆。

史贝霖（根据画作上的署名“Spoilum”音译，真实中文名字不可考）是目前已知最早的广州外销画画家，大约活跃于清乾隆、嘉庆年间，以擅长绘制玻璃油画肖像而出名。

史贝霖有着娴熟高超的西洋绘画技法，从 1786 年起，他的创作自玻璃油画转向布面油画，渐渐形成强烈的个人风格，比如人物背光面的背景有浅色光晕，或者人物的脸部从侧上方受到光影投射，使得脸部与背景拉开了距离。这种风格被称为“史贝霖画风”，影响了一大批外销画画师。史贝霖的代表作有早期玻璃油画《托马斯·弗雷船长肖像》（1774 年）及晚期布面油画《行商肖像》（1800 年）等。

史贝霖绘制的众多肖像画赢得西方订画者的认可。约翰·米雷斯在 1791 年出版的《1788 至 1789 年从中国到美国西北海岸航行记》中这样写道：“（史贝霖）是一位优秀的中国画家，或许是这个庞大帝国在这一领域上仅有的一个。”

外销画中的大千世界

舶来又舶去的玻璃画

玻璃画最早出现于 15 世纪的意大利，大约在 17 世纪与其他玻璃制品一起作为外交礼物被带入中国。玻璃画在中国兴盛于 18 世纪的乾隆和嘉庆时期，由于是在玻璃背面作画，且描绘方向与一般画法相反，因此这门技术也叫作“背画技术”。绘制玻璃画的工匠首先要按草图把镜子背面的水银镀膜铲掉，然后用油彩、水粉或金粉依照从里到外的步骤上色画画，把被铲掉水银镀膜的部分填补完好。还有一种是直接在透明玻璃板上作画，画完后在背面封涂水银层固色保存，玻璃肖像

18世纪末至19世纪初的玻璃画：广州十三行商馆区。

画大部分属于这一类。在中国外销画画师的创新下，传自海外的玻璃画因具有浓厚的东方风情而返销海外，成为18世纪外销画中最耀眼的品种，包括“玻璃镜镶玻璃油画”“银镶边玻璃油画盒”“镶油画玻璃盒”和“玻璃影画时辰钟”等类别。

目前已知在广州创作的最早一幅玻璃肖像画是一名中国佚名画师绘制的《约翰·派克肖像》，作画时间不晚于1744年。画中的人物戴着披肩假发，穿着华丽的长外套和马甲，而背景是极富中国文化特色的山水庭院。这种中西结合的造型样式几乎成为18世纪中国玻璃肖像画的通用形制：肖像主人公身穿奢华的欧洲服饰，全身或半身居于画面前景的偏左或偏右位置，置身于以中国山水、建筑、庭院、花草等为背景的场景中。这种将人物写实与带有强烈装饰性的中国山水风景相结合的手法，迎合了当时西方商人、官员、水手的审美情趣，甚至引领了一波来华外国人绘制肖像画的风气。

清代玻璃画画师。

19世纪玻璃画仕女图。画中的仕女手执灵芝，极具东方色彩的吉祥寓意。作品中仕女的绘画风格与其服饰、发饰等时代特征明显，对于外销玻璃画的研究具有比较重要的参考价值。（原件藏于广州十三行博物馆）

19世纪末通草水彩船舶图。
（原件藏于广州十三行博物馆）

通草画：失而复得的手工艺

通草画是外销水彩画中的一种，与普通水彩画的区别在于用纸的不同。所谓“通草画”，是指画在通草纸上的作品。通脱木，俗名通草，把通脱木茎髓脱出，然后用刀切成厚薄一致的片状物，就成为通草纸。每张通草纸不过人的两三个巴掌大小，但由于其质地经水彩着色后，能够在光的照射下呈现色彩缤纷的效果，可媲美漆器或刺绣，故深受画师和消费者喜爱。

通草画出现于1820年，在当时主要用于出口，题材以反映清代广东各色人等的社会生活场景为主，如杂耍、纺织、演奏，不一而足，被称为“广州明信片”。19世纪30至60年代为通草画的鼎盛期，画工达两三千人。但随着摄影术和制版印刷术的出现，通草画渐趋衰落，通草纸的制作方法也一度失传。有段时间只有贵州省贵定县的部分人掌握，但当地人多用来制成通草花出口日本和韩国，而非用于绘画。21世纪初，广州博物馆在经过大量的搜集、研究和实地走访后，从贵州引回通草纸制作技术，令通草画重现于世。

17 至 18 世纪，在欧洲十分流行的悬挂纸画。（原件藏于广州十三行博物馆）

象牙细密画：外销画精品

细密画是一种小型绘画，始于《古兰经》的边饰图案，是波斯艺术中的重要门类，以精细刻画著称，常常绘于书籍、徽章、匣子、象牙板、铜板或黄铜板上，作为肖像画或装饰画。细密画的创作多采用石榴皮、核桃壳、木樨草、钾矾、绿松石和多种矿物粉末颜料，甚至以珍珠、蓝宝石磨粉做颜料。

细密画是十三行外销画中相对高端的品种，结合了中国传统山水画技法，主要画于瓷器、灯彩、书签等物体表面，不但有绘画，而且有刻、镶等多种形式，与波斯细密画有所区别。在十三行外销画画师中，关联昌极为擅长绘制细密画，他绘制的《马尼高和他的中国侍童》曾被美国学者卡尔·克劳斯曼作为经典案例录入其著作《中国外销装饰艺术：绘画、家具与珍玩》。

悬挂纸画：曾为时髦的房间饰品

18 世纪早期，广州口岸的外销画主要为纸本绘画和彩色木版画。为了方便运输，并尽可能多的增加装载数量，纸本

绘画通常未经装裱，只在背面衬一张背纸，也没有画框或轴头，便可以直接悬挂或张贴在墙上，故得名“悬挂纸画”。

悬挂纸画的内容大多表现的是中国的风土人情，也有表现富裕家庭的快乐闲适生活，以及农民和手工业者生产生活的。它们通常成套制成，形成一系列连续的景象，可以贴满整个房间。17 至 18 世纪，这种既富有“中国趣味”，又价格低廉的悬挂纸画在欧洲十分流行，是当时相当时髦的房间装饰品，有人直接拿来当壁纸使用，因此也叫“壁纸纸画”。

本土博物画

博物画是一种自然题材的绘画，内容包括动物、植物、矿物、菌类等。这种画既要描绘自然之美，又讲究写实、严谨，突出描绘对象的识别特征，堪称科学与艺术的完美结晶。植物类绘画是早期外销画常见题材，目前已知最早的一幅植物外销画绘制于 1700 年。与传统中国画写意动植物相比，外销画中的动植物绘画讲求描绘精准，近似于西方博物画，甚至于在绘制花卉整体时还会附上花朵结构分解图。

外销画中的博物画。（原件藏于广州十三行博物馆）

事实上，动植物外销画确实受到18世纪西方博物学兴起的影响。当时，不少外国传教士进入中国，大量采集动植物标本和信息。为了精确记录，博物画对动植物绘画的精准度和科学性有着很高要求。不过，随着后期外销画商业模式的成熟，流水线的生产方式让动植物画渐渐偏离了写实性与规范性，不再具有科学研究意义。

月份牌画：外销画的后继者

19世纪40年代，随着摄影术的传入，更加逼真、快捷、廉价的照片逐渐取代了外销画，广州外销画的质量和产量明显下降。为了适应新形势和新需求，很多优秀的外销画画师将画室从广州搬到新崛起的上海、香港等地，但仍无法挽回行业颓势。部分外销画画师开始兼营摄影，还有一部分则开始采用新的石印技术来制作19世纪末日益流行的仕女月份牌画和商标画。其中最有名的是关作霖的曾孙关蕙农，他是最早绘制月份牌画的画家，有“月份牌画王”之称。关蕙农幼时学习西洋画，后师从居廉，熔中西画法于一炉。他于1908年首创以西画油彩绘中国仕女，对后来美女月份牌绘画影响很大。

月份牌画是指将商品宣传广告与中国年画中配有月历和

关蕙农绘于1933年的月份牌。（图片来源：FOTOE图片库）

节气的“历画”结合起来形成的一种新年画，由商家出资向画家订购印刷，随商品附赠顾客，起到广告宣传、提高品牌知名度的作用。月份牌画兴起于外销画衰落之后，主要流行于上海和香港地区，其题材主要有仕女、娃娃、历史故事、戏曲人物、名胜古迹五类，但这些内容只是用来吸引观众的注意力，一张月份牌画的“画眼”是处于画面一隅的商品图像和广告文字，这才是商人希望观众获取的有效信息。月份牌画宣传的商品丰富多样，通常包括香烟、火油、肥皂、蚊香、布料、化妆品、酒类、药品乃至肥田粉等。

最早来到中国的摄影师

1839年摄影术诞生，几年后传入中国，迅速取代了外销画的地位。1844年，法国人于勒·埃及尔作为法国外交使团的一员，带着达盖尔相机到达澳门，把摄影术传入中国，并在澳门、广州等地拍摄了40余张中国最早的照片。于勒在参与起草中法《黄埔条约》期间，为耆英拍了一张人物肖像，耆英也因此成为第一个被拍“小照”的中国人。于勒的另一张照片以广州全景为主题，记录了1844年广州的城市风貌。

皮埃尔·约瑟夫·罗西耶则是目前已知最早在欧洲发行中国题材商业照片的摄影师。他在广州拍摄了一批照片，内容涵盖中外人像和城市风景，如广州南城门、官员内宅、五百罗汉堂、贡院庭院、广州花塔、财政街等，其中很多建筑早已消失，更显得这批存世照片的珍贵。

法国人于勒·埃及尔于1844年拍摄的广州。

外销瓷：历史悠久的外贸商品

购买瓷器几乎是每艘外国商船返程计划的一部分。中国陶瓷作为外销产品的历史很悠久，据考古发掘证明，至迟到唐代，陶瓷已经作为外销品出现在海上丝绸之路的商船里。大致而言，广东地区的外销瓷，唐代以梅县窑的青瓷为主；五代时除了梅县窑青瓷，还有唐三彩、越窑青瓷、邢窑白瓷、长沙窑瓷器；宋元时期出口陶瓷的品类繁多，以龙泉窑系青瓷为主，其次是景德镇窑系青白瓷和青花瓷，此外还有磁州窑系、耀州窑系、建窑系瓷器及福建、广东沿海专烧外销瓷的瓷窑产品。进入明清时期，由于世界资本主义商业的大发展，加上明代郑和下西洋促进了中国与海外政治、经济和文化的交流，海外对中国瓷器的需求激增。据不完全统计，明崇祯十二年（1639年），中国运到荷兰的瓷器已达366000件。

中国瓷器的对外贸易，在清代达到高峰，康熙、雍正、乾隆三朝瓷器的外销，无论是数量还是质量都远超历代。清代的外销瓷以盘、碗、杯、壶、瓶等日用瓷为主，每套数量差别巨大，如18世纪初销往欧洲的一套餐具可达60到800件。为了迎合欧洲人的口味，刺激瓷器出口，增加财政收入，在以广州为中心的广东、福建沿海地区，还出现了特制的外销瓷，在中国传统器形和纹饰之外诞生了新的瓷器样式：“中国器形+西方纹饰”或“西方器形+西方纹饰”。当时西方纹饰题材主要有纹章、宗教神话、爱情和现实生活四类题材，这些中西合璧的瓷器与其他同样中西文化交融的外贸商品一起构成了十三行对外贸易鲜明的时代特征。

中国陶瓷的海外贸易历史虽然悠久，但直到17世纪下半叶才真正大规模进入欧洲市场。在这之前，仅有零星中国瓷器以间接的方式传入欧洲王室，欧洲普通民众对中国陶瓷知之甚少。17世纪，荷兰取代葡萄牙成为海上霸主，接管了葡萄牙人在东方的贸易网络。他们改革了当时的瓷器贸易模式，对瓷器实行分级制，将瓷器分为三等并销往不同国家和地区，其中质量最好的销往欧洲。

为了更加符合欧洲人的审美，荷兰人向中国工匠提供图纸定制瓷器，其中一种印有欧洲贵族家徽的纹章瓷，令当时贵族间出现通过瓷器来进行攀比的风气。此外，荷兰人还造出中国陶瓷的高仿品——代尔夫特陶，用来与真正的中国瓷器形成对比，以抬高后者价格。在荷兰人的苦心经营下，17至18世纪中国瓷器在欧洲十分流行，并由此引发了一股中国风潮。

明万历年间，日本在文禄庆长之战后，从朝鲜半岛带回大量陶工，开始了日本的瓷器烧制。他们以中国景德镇青花瓷为样本，将中国和朝鲜的制瓷技术结合起来，烧出了“伊万里”瓷器。“伊万里”瓷器装饰在布局上完全继承中国景德镇的装饰模式，即主纹饰与辅纹饰相结合，器身通体装饰或开光主纹饰、辅纹饰与边饰装饰带相结合；1690年之后又逐渐形成了在釉下青花的基础上施加釉上彩装饰，最后再以金粉加彩点缀的做法，令瓷器整体风格显得绚丽夺目、雍容华贵，正迎合了当时欧洲盛行的洛可可艺术风格。

“伊万里”瓷器在日本发展最快的时期，中国正处于清初海禁政策阶段。急于找到中国瓷器替代品的荷兰商人发现日本青花瓷、白瓷的烧制技术已经十分成熟，转而在日本订购

“伊万里”瓷器销往欧洲，很快就占领了欧洲市场。1684 年以后，随着海禁政策的解除，中国逐步恢复对外贸易。为了快速抢回欧洲市场，景德镇仿造“伊万里”瓷器的样式，也烧制青花矾红描金瓷器，人们将这种瓷器称为“中国伊万里”。和日本“伊万里”瓷器相比，中国青花矾红描金瓷胎质细腻，青花发色较淡雅，画功洒脱、不拘束，很快便重新夺回欧洲市场。1757 年，荷兰东印度公司正式停止购买日本瓷器，“伊万里”瓷器向欧洲的出口正式落下帷幕。

过岭。这幅插画记录了 18 世纪清代景德镇外销瓷器以及广州外商的活动。图中装桶的彩瓷由四人担运，而装箩的白瓷只需一人，商人则安坐在由两人抬的轿中。队伍翻岭后，再循水路沿北江南下，经英德、清远、东莞、佛山到达广州。

克拉克瓷器是17世纪中国外销瓷器中非常重要的品种，产地为景德镇。

清雍正年间的“伊万里”西洋人物画盘。

清康熙年间的青花矾红描金花卉纹单耳带盖壶。（原件藏于广州十三行博物馆）

中西合璧的广彩瓷

广彩瓷的出现源于外销需求。17 世纪，瓷器成为最受外国人欢迎的中国商品之一。清代广州“一口通商”时期，不少外国商人依照国外审美对瓷器进行来图定制。广州的行商和工匠准确把握西方消费者的审美情趣，创造了一种中西艺术结合的外销瓷器，当时被称为“广彩瓷”。民国初期的广东学人刘子芬在《竹园陶说》里写道：“海通之初，西商之来中国者先至澳门，后则径趋广州。清代中叶海舶云集，商务繁盛。欧土重华瓷，我国商人投其所好，乃于景德镇烧造白器，运至粤垣，另雇工匠仿照西洋画法加以彩绘，于珠江南岸之河南开炉烘染，制成彩瓷，而后售之西商。盖其器风自景德镇，彩绘则粤之河南厂所加者也。故有河南彩及广彩等名称。此种瓷品始于乾隆，盛于嘉道。”

广彩瓷全称“广州织金彩瓷”，是以低温釉上彩的装饰技法，在白色瓷器上用金粉及五彩颜料彩绘，以 700 ~ 750℃低温烧制而成，因构图紧密、炫彩华丽、金光闪闪，宛如华美富丽的锦缎，故而得名。

十三行商人在景德镇事先烧好素胎白瓷，运到广州后另觅工匠仿照西洋画法加以彩绘，并且在广州珠江以南一带开炉烘染，制成彩瓷。广彩瓷起于康熙、雍正年间，盛于乾隆、嘉庆时期并流传至今，是清代广州匠人结合西方工艺和审美创制的瓷器新品种。景德镇素胎瓷的古雅、朴拙，与西洋画风的华贵、绚丽经过十三行匠人的巧妙糅合之后，更符合消费者的审美情趣。

清乾隆年间的广彩青花人物纹双螭耳狮钮盖方口瓶。（原件藏于广州十三行博物馆）

清乾隆年间的广彩描金锦地开光花鸟人物纹菱形花插。（原件藏于广州十三行博物馆）

清中期铜胎画珐琅山水纹提梁壶。壶身四面开光，开光内绘山水图景，画题为“唐宋八大家”之一的欧阳修《远山》诗句；边饰墨彩描金、洋红卷草纹；盖钮、口沿露铜胎。此壶胎轻体薄，开光绘画的题材呼应诗中悠然自得的意境。这种造型的提壶可上溯到清早期的瓷器。在欧洲，这种提壶多用以盛茶。（原件藏于广州十三行博物馆）

花开两朵——广州珐琅

15世纪中叶，在欧洲出现了一种以珐琅作为颜料，在金、银等金属器物上填绘图案的技术，称为“西洋画珐琅”。所谓“珐琅”是一种玻化物质，是以长石、石英为主要原料，加入一系列矿物化合物作为助熔剂、乳浊剂和着色剂，经过粉碎、混合、煅烧、熔融、急冷、研磨后得到的颜料。

大约在17世纪，西洋画珐琅通过外国商人和传教士传入广州，被广州工匠吸收，结合始于明代的“广州三彩”烧制技术，先创制出“铜胎画珐琅”（也称洋瓷或广州珐琅），后又在白瓷胎上作画，形成“瓷胎画珐琅”（也称珐琅彩瓷），此为广彩瓷的滥觞。

西洋画珐琅传入中国后，根据制作工艺大致分为广州珐琅（画珐琅）和掐丝珐琅（景泰蓝）两大类。广州珐琅指在器物铜胎上烧制白釉，再在白釉上以珐琅作画，经多次烧制完成的釉上彩技术，整个过程分五个步骤：铜坯（以铜板打制器形）、挂瓷（在铜坯上施白色珐琅釉，入窑烧制）、绘画（以单色或多色珐琅釉料绘制图案）、烧彩（入窑烧制显色）、镀金（将外露铜边镀金）。广州珐琅内容多以人物、风景、静物、历史故事、神话故事及宗教画为主，风格淡雅古朴，釉质温润细腻，除了被用来制作瓶、盒、盘、碗之外，还被用来制作家具、钟表、化妆品盒子的嵌件。曾经在大众生活中十分普遍的搪瓷制品也是广州珐琅的一种。

“西洋画珐琅”被本土化为“瓷胎画珐琅”后，其制作工艺随优秀的广州匠人传入清宫造办处，烧制专供王室使用的珐琅彩瓷。这类珐琅彩瓷雍容华贵，集中西风韵于一身，尽显皇家贵气，是釉上彩瓷中最为精美的珍品。而更多留在

清中期铜胎画珐琅“功名富贵”纹花口盘。圆盘分八棱，盘心白地彩绘“功名富贵”纹，画面中央描绘了一只公鸡伫立于湖石之上，引颈高鸣。公鸡鸣叫谐音“功名”，配上色彩娇艳的牡丹，取其荣华富贵之意，故为“功名富贵”。这件作品色彩鲜艳，绘工细腻，寓意吉祥，其器形可上溯到18世纪初的银托盘，一些托盘可分六、八、十或更多棱。（左）（原件藏于广州十三行博物馆）

19世纪铜胎画珐琅花卉纹爵杯。（右）（原件藏于广州十三行博物馆）

广州的工匠则在大批量生产外销珐琅彩瓷的过程中渐渐形成产品特色。乾隆四十三年（1778年），一个新的行会组织——“灵思堂”出现，标志着广彩瓷作为独立的行业的开始。

康熙、雍正时期为广彩瓷初创期，其彩绘以国画技法为主，没有明显的风格，与景德镇彩瓷区别不大。乾隆时期为繁盛期，引入外国颜料为主材料，在透视、晕染和明暗对比方面则吸收了西洋画技法，绘制内容多半是具有岭南风格的图案，最常用的构图是用花边图案围出若干形状各异的空格，在空格内绘以花卉、风景和人物；也有不划分区域，直接以满花彩绘。器形方面则出现大量模仿西洋器皿的款式。

嘉庆至道光中期是广彩瓷的转型期，此时，中国瓷器在海外市场的热度已渐趋消退，反映在瓷器生产上是彩绘技法回归中国传统勾勒法，施彩颜色种类减少，以大面积使用浓艳的红彩、绿彩为特征。道光后期至今是广彩瓷的稳定和延续期。进入19世纪，广彩瓷出口量已经很低，以内销为主。图案方面，岭南画派以画入瓷，为广彩瓷注入了新的生机，同时，在19世纪初，广彩瓷将锦缎纹样绘制在瓷器上作为装饰，称为“织地”，后普遍用金粉绘制织地，称为“织金地”。“织金地”后来成为广彩瓷最具代表性的风格——堆金积玉。

纹章瓷、柳条纹瓷器、洛克菲勒瓷和“满大人”

纹章瓷是广州外销瓷中最特别的一种，它具有强烈的标识性和排他性，是欧美国家王室、贵族、社团、城市、军队首领、商人、政界人士、知识分子和神职人员等把独属的徽章图案烧制在瓷器上，作为个人或家族的独有标志。

纹章出现于12世纪，发展至今已成为一套具有世袭性质的识别体系，用来显示血统、婚姻、权力和社会地位等。早在16世纪上半叶，中国外销瓷中已经出现定制纹章瓷；到了18世纪，定制纹章餐具在欧洲贵族中形成风尚。由于航路遥远，加上清政府严厉的通商制度，一套纹章瓷从下定到最后收货至少需要一年时间，耗工费时，成本高昂。为了降低买卖双方的成本，纹章瓷大多成套定制，每套数量不下200件。

18世纪末，英国制瓷业开始快速发展。为了满足市场需求，他们也开始模仿中国的瓷器，但时尚的风向标仍然偏向中国风格。他们挪用来自中国青花瓷的审美要素，从中找寻符号化元素，比如中国式亭榭楼堂、小桥流水等，进行设计和创造。其中，有一种柳条纹瓷器在当时英国瓷器贸易中的销量远远超过其他瓷器的总和。这是英国商人整合、重组的一个柳树图案样式——把柳树、小桥、楼阁、栅栏、小船、一对白鸽、苹果树组合在一起，并包装了一个类似“梁山伯与祝英台”式的文学脚本来做商业推广。

1849年，配合英格兰斯塔福德郡青花瓷器的本土化生产与商业推广，一个关于陶瓷纹样设计的故事出笼了，“柳树图案的故事”首次发表在英国的《家庭杂志》，标题是《家用瓷盘上柳树图案的故事》。故事大意是：在古老的中国，一个姓张的穷书生在一个富裕的官宦人家当差，主人贪污、行贿，劣迹斑斑。书生与这家的女儿箜瑟在庭院里不期而遇，产生爱情。由于地位悬殊不能结合，这对青年男女双双出逃私奔，乘船直下扬子江，随江水漂到入海口一带的荒岛，过起了男耕女织的生活。不久，家丁追杀而至，刺死了书生，放火烧了他们的房子，箜瑟绝望之际冲入火海，殉情而死。这一结局，感动了上苍，书生与箜瑟双双幻化为一对鸽子，长久萦绕于曾经的水榭楼台。

充满生机和春意的柳树绘于盘子的中央，这种固定的装饰纹样被称为“Willow Pattern”（柳树图案）。这种装饰纹样出现在青花瓷器上，也被西方人称为“Blue Willow”（蓝柳）。两百多年来，欧洲许多家庭都使用并世代流传这种柳条纹瓷器。随着英国殖民地的扩展，柳条纹瓷器也被携带和运输到新大陆，成为一种代表高品质生活的标志。

洛克菲勒瓷不仅指美国洛克菲勒家族购藏的广彩瓷精品，

清代木雕金漆“满大人”像。“满大人”原是西方人对中国清代官员的称呼，后也将绘有清代人物服饰纹的瓷器或雕像器物称为“满大人”。（原件藏于广州十三行博物馆）

清乾隆年间的广彩描金开光山水徽章碟。广州工匠把洛克菲勒纹饰吸收为广彩纹饰的一种。碟心绘英国汉门德家族徽章，徽章的盔饰为鹰头及海军冠冕，盾牌中的掌形图案为男爵标志。（原件藏于广州十三行博物馆）

也指一种特别的广彩纹饰。这种纹饰源自英国的一家名为“Lowestoft”的瓷器工厂在18世纪为欧洲贵族设计的纹饰。乾隆晚期，广州工匠把这种纹饰吸收为广彩纹饰的一种。洛克菲勒瓷讲究用料精纯、纹饰精细，图案结构大体分为中心主题图案（多为珐琅彩绘制的中式庭院人物故事纹）、内边饰（多为茄色织鲨鱼皮锦地）、外边饰（金彩织洋莲锦地）和开光（内圈开光以花鸟纹为主，外圈开光多为麻色或红色中式山水），整体图案金碧辉煌，极富立体感和装饰性。洛克菲勒瓷仅生产了二十多年，嘉庆中期后便不再生产。

“满大人”（Mandarin）一词最早出现于明代，是英文中对中国乃至整个亚洲古代官吏的泛称。自康熙时起至道光年间，在广彩、粉彩外销瓷中出现了一种具有时代特征的清装人物纹样，也被称为“满大人”。

在山水风景纹瓷器中，柳条纹瓷器是外销欧美的瓷器中最受欢迎的品种。

“满大人”纹样多出现于外销瓷中，在内销瓷里很少见，是商人为满足西方消费者对中国式生活的好奇而让中国工匠设计特制的。“满大人”纹饰多以两代或三代同堂的“合家欢”为主题，人物被安置在中式庭院、厅堂或回廊之中，悠然自得地休闲娱乐，背景是中式山水、田园、池塘、亭台、楼阁等，是清代中国社会富裕阶层日常生活的理想化描绘，为西方人了解当时的中国文化提供了一个窗口。

广彩瓷、五彩瓷与粉彩瓷的区别

广彩瓷、五彩瓷与粉彩瓷同属于中国传统的釉上彩瓷，但在图案、彩料和技法上又各有特点。五彩瓷与粉彩瓷以内销为主，因此图案也以符合中国人审美的传统题材为主；广

清同治年间的广彩人物纹镂空果篮托碟。（左）（原件藏于广州十三行博物馆）

清光绪年间的五彩人物纹大盘。（右）（原件藏于广州十三行博物馆）

彩瓷在传统题材之外，还有专为外国主顾定制的西洋器形和图案。广彩瓷所使用的颜料多半由广州艺人自制或改配外国颜料，颜色有西红、干大红、茄紫、广翠、麻色、粉绿、金彩、鹤春等；五彩瓷则使用中国传统颜料，俗称“古彩”，基本色调为红、黄、绿、蓝、黑等，成色浓艳而不刺目；粉彩瓷颜料多为进口货，颜色上与广彩瓷接近，但金彩、赭色使用相对较少。

广彩瓷的绘画技法兼容并蓄，吸收了五彩瓷、粉彩瓷、珐琅彩瓷和西洋技法，前期以没骨法为主进行彩料渲染，后期则受岭南画派影响逐渐采用工笔画法。五彩瓷也以没骨法为主，采用单线平涂上色，红绿彩十分浓厚，看上去质感坚硬，故又称“硬彩”。粉彩瓷则先用含砷的“玻璃白”打底，在色料中掺入粉质，以芸香油调色，采用黑线勾勒边线，再渲染彩料，这样绘制而成的图案色彩粉润柔和，所以又被称为“软彩”。由于颜料中掺有铅粉并加施“玻璃白”，因而粉彩瓷具有施彩厚、花纹凸起、层次分明、立体感强的特点。

清光绪年间的广彩花鸟人物纹带托盖碗。（原件藏于广州十三行博物馆）

清雍正年间的粉彩“吹箫引凤”图盘，描画了西汉《列仙传》中记载的一个古老的爱情故事。

丝绸，西方对东方的最初了解

丝绸因其华丽的外表和神秘的制作工艺，成为西方上流社会不惜以重金争购的奢侈品。中国是最早养蚕、缫丝和织布的国家，丝织品自古便是中国对外贸易中长盛不衰的商品，也承载了西方对东方最早的想象，海陆丝绸之路因其得名。法国学者让－诺埃尔·罗伯特曾在《从罗马到中国——恺撒大帝时代的丝绸之路》中，叙述这一来自东方的珍贵衣料是如何改变罗马人特别是上层社会的穿着习惯的：“相对于精细而泛着米色的亚述丝绸而言，中国丝绸实在是太昂贵了，一般人享受不起，需要重新编织，例如加入亚麻、棉纱，可以造出与薄纱一样轻薄的半丝绸织品，同样受到人们的追捧。”

明清时期，以江南丝绸为主体的中国丝绸畅销于世界各

建于清雍正元年（1723年）的锦纶会馆，是目前广州唯一保存完整的清代商业会馆。

国。清代十三行时期，外销的丝织品主要有绸缎布匹、生丝原料和手帕、手袋等丝绸产品，数量巨大，如乾隆年间每年外销的丝织品达二三十万斤，仅次于茶叶出口量，推动了以广州为中心的岭南丝织业飞速发展，不仅成立了行业组织——锦纶会馆，还革新织造技术，发展出广纱、广缎、五丝、八丝、香云纱等名品，光华灿然，不褪色、不沾尘、不易皱，故时人有“广纱甲天下，缎次之”的说法。

锦纶会馆：广州丝织业的历史记忆

广州城西隅是丝织行业商铺号的聚集之地，在清康熙、雍正年间已有丝织商铺号数百家。随着从事丝织行业的商铺号和工人越来越多，一些商铺号和工人共同捐资兴建了广州丝织行业东家会馆——锦纶会馆，当时出资修建锦纶会馆的共有 1338 个商铺号和个人。

清代广东画师吴俊绘制的纸本水彩画：《牵经》（左）和《丝商》（右），分别描绘了清代广州丝织女工牵经的情景，以及广州丝商装卸走水路运送生丝的情景。（图片来源：FOTOE 图片库）

始建于雍正元年（1723 年）的锦纶会馆，已经有近 300 年历史了。这座三路三进的祠堂式建筑占地面积约 700 平方米，是广州唯一保留下来的丝织行业东家会馆。锦纶会馆在乾隆、道光年间经过几次扩建。馆内保存较完好的 19 块碑刻，详细记载了会馆的创建及几次维修、扩建经过。锦纶会馆最兴旺的时候，旗下有数百家机户和商号，5000 张以上机张，从业工人达数万。锦纶会馆对生产品质要求很高，被它认可、打上“锦纶堂”名号的丝织品，无一不织造精美、质量上乘，不仅是外销精品，也常出现在宫廷贡品的名单里。

广州的丝织行业，按产品种类可分为五大行：朝蟒行、十八行、十一行、金彩行、通纱行。每年年初，各行业领袖都会集于锦纶会馆，共同商定丝织商品的规格和价格，基本掌控了十三行丝绸贸易的定价权和话语权。

香云纱：纱中软黄金

香云纱出现于清道光年间，是广纱中最贵重的品种，当时一匹香云纱大约价值白银 12 两，相当于一个农村家庭一年的生活费，故素有“纱中软黄金”之称。香云纱仅在佛山地区生产，它与其他丝织品最大的不同之处就是多了“晒莨”“涂泥”两个步骤。

制作香云纱时，先在白色的真丝坯涂上一种叫薯莨的植物汁液和采自珠三角的含多种矿物质的河泥，在阳光的暴晒、河水的冲洗、草地的温润下，使二者神奇融合，整个晒莨过程需要 7 天时间及 30 多道工序。经过晒莨后的成品称“莨绸”，因为穿在身上发出“沙沙”的声音，又被称为“响云纱”，后人以谐音给它取了一个充满美丽意境的名字“香云纱”。

经过“晒莨”后的丝绸由于附着了矿物塘泥，穿在身上十分凉爽，遇水快干，不容易抽丝和起皱，而且面料上的龟纹会随着时间而逐渐变化，显示出奇特的生命力。香云纱适宜制成夏季服装，凉爽宜人、易洗快干、色深耐脏、不粘皮肤、轻薄而不易褶皱、柔软而富有身骨。

香云纱广受追捧，尤其受到宋庆龄、张爱玲等知名女性的青睐，在一些反映民国年代的影视剧中，香云纱更是尽显女性之美。

让银钱堆满十三行的广缎

“五丝八丝广缎好，银钱堆满十三行。”在清代学者屈大均的竹枝词里，描绘了十三行广缎贸易的盛况。缎指的是一种质地厚密而有光泽的丝织品。清代广东生产的广缎，不仅出口海外，也是享誉全国的名品。广缎所用原料很讲究，皆为江南地区的吴丝，其织造技法与云锦中的织锦缎很相似，以多彩的纹纬妆彩提花，属重经重纬的高级丝织物，图案以小巧细碎的满地花为主，喜欢采用鲜艳而反差强烈的色彩搭配，如橘黄、玫红、粉红、藕荷、大绿和白色等。“五丝”和“八丝”是广缎中的两个品种，指的是经纬采用两种色彩，经面做地，纬面起花，以五枚、七枚、八枚或不规则缎纹的正反缎形式织成的织物。五枚缎即五丝，八枚缎即八丝。

广绣：中国给西方的礼物

广绣是中国四大名绣之一——粤绣的一个分支，分为刺绣字画、刺绣戏服和珠绣等品类，以构图饱满、形象传神、纹理清晰、色泽富丽、针法多样、善于变化的艺术特色而闻名。

广绣起于唐代。明正德九年（1514 年），一葡萄牙人在广州购得一块蟒袍绣片，回国献给国王受到重赏，从此广绣成为外销的主要手工艺品。英国女王伊丽莎白一世也是广绣的追捧者，她亲自倡导成立英国刺绣同业公会，按广绣作坊形式组织英王室绣庄，从中国进口丝绸和丝线来加工绣制贵族服饰。到了清代，英国商人拿着服饰图样到广州绣坊订货，促使广绣吸收了西洋油画技法，进一步形成了立体透视、光影富于变化的特点。

“海纳百川”是岭南文化特征之一，深刻体现于岭南人文的方方面面。驰名中外的广绣同样是兼容并蓄的结果。广绣中的“金银绣”，来自宁波刺绣中的金银彩绣，指在真丝缎子和其他原料上，用金银线和各色丝线刺绣图案，色彩和谐，古朴雅致。金银绣中的“盘金绣”，则是将金线在缎面上盘出形状，然后用丝线固定而成。盘金绣成品金光闪闪、富丽堂皇，在宁波刺绣里多用来刺绣龙凤图案，据说刺绣一幅精致的龙凤纹盘金绣大约需要消耗一两黄金。其技法被广绣吸收后，题材拓宽至花鸟纹等，图案突出于缎面之上，层次丰富，极有立体感。

粤剧戏服：广绣织就云霞梦

明嘉靖、万历年间，粤剧在佛山地区诞生、发展起来，粤剧戏服也随之发展起来，成为广绣的一个门类，至今已有300余年历史。粤剧戏服最早便在今广州市越秀区人民南路状元坊附近制作，鼎盛时期，这里聚集了50多家刺绣作坊、3000多个绣娘。

长袖善舞是中国传统戏剧服装都注重的写意设计，同时参照表现故事的朝代以及人物的角色特点给予一定变化。演员每次登台都精心装扮，一件件考究的戏服就是他们穿在身上的云与梦，陪伴着一代又一代人演绎一出出经典。粤剧戏服的设计多沿自明代官服，也是粤剧发展的源头，剧中各角色身份、地位不同的人物在服饰及颜色区分方面，非常严谨。

“宁穿破，不穿错”是粤剧的“行规”之一，剧中的每个人物都有各自不同的戏服。粤剧传统戏服种类非常多，从服装的造型、图案纹样和颜色上，就可区分剧中人物文与武、善与恶、富贵与贫贱。如帝王和诸侯穿男大蟒，皇后和公主穿女蟒裙；将军穿男大靠，书生穿海青，夫人穿女披风，地主穿男披风，未婚姑娘穿西湖装、小宫装、小古装等。

由于舞台表演讲求戏曲效果，要求服饰图案必须醒目，因此粤剧戏服上的刺绣，不以精细著称，而更重质感。戏服刺绣除了绒线绣、丝线绣、金银线绣外，还有片绣、珠绣等，形成了粤剧戏服构图饱满、色彩浓艳、对比强烈的特征，被时人认为“虽京师歌楼，无其华靡”。因而清代宫廷戏班，每年都会特意前往广州订购大量蟒袍玉带、凤冠霞帔等道具服饰。

清末红缎地广绣金线绣花卉纹对襟汉式氅衣。氅衣为清代妇女服饰，一般穿在衬衣外面。这件氅衣以红色素缎为面料，全身绣四季花卉，包括莲花、梅花、芙蓉、牡丹等，排金花卉富丽堂皇。袖口饰鹅黄色菱格暗花绸绣百花纹挽袖，衣边及领口饰鹅黄色绸绣花蝶纹、卍字纹，钉金绣缠枝纹、白地碎花窄绦，与面料图案相呼应。绣工平齐细密，运用了打籽、捆咬针法，变化娴熟。（原件藏于广州十三行博物馆）

民国白缎地广绣百鸟纹对襟长氅衣。氅衣以白色素缎为面料，前后满绣凤凰、仙鹤、老鹰、锦鸡、绶带鸟、鸳鸯、鹦鹉、翠鸟、猫头鹰等多种鸟类，以及荷花、梅花、雏菊等数种花卉，下摆绣了大面积的高低错落的水波纹，构图饱满，配色富丽。这件氅衣手工精美，制作华丽，寓意吉祥，运用了线绣和绒绣及多种针法，其中小雏菊运用的是打枣针，此外还有金鱼起鳞片、流星赶月凤尾等多种针法，绣出的花鸟逼真生动，是一件不可多得的广绣服饰精作。（原件藏于广州十三行博物馆）

濡染西风的传统广式家具

广式家具指广州出产的木制家具，具有独特风格，是清式家具的典型款式之一，因而又被称为“广作”，与“苏作”“京作”“仙作”齐名。17世纪末起，由于海禁的解除，特别是广州“一口通商”的实施，大量外商及传教士来到广州，将西方文化元素带至此地，掀起一股“西洋热”，对广州地区的家具、建筑、绘画等都产生了影响。广式家具受西方巴洛克与洛可可式艺术风格的影响，追求用料充裕，采用大面积雕刻并镶嵌螺钿、玻璃油画等。构件一般不拼接，而是一木制成，为的是木性一致。装饰题材和纹饰也深受西方文化影响，出现束腰、兽脚、羊蹄腿、西番莲纹，并加重了对家具腿足的雕刻等，形成了广式家具用料充裕、体质厚重、雕刻繁缛的特点。

广式家具华丽繁复的风格，符合统治者追求豪华、繁复、绚丽的审美，因而一度受到宫廷、官绅和文人的追捧。据说光绪年间，广东名匠梁阜还曾被召往北京，专门为皇帝大婚雕刻和组装龙床。自清代中期起，宫廷每年都从广州定做、采购大批家具。不仅如此，清宫造办处还专设“广木作”，挑选优秀的广州木工为宫廷制作家具。“广木作”的工匠与“油木作”和“珐琅作”工匠合作，为清代宫殿、寺庙制作了屏风、佛龛、盒座、香几等大量器具，其中不乏紫檀木西洋四方龛、掐丝珐琅玻璃油画格子等中西合璧的精品。

清代十三行贸易的兴盛带动了瓷器制造、金银器嵌宝石等工艺技术的发展，为广式家具镶嵌工艺水平的提升创造了条件。广式家具的两大装饰技法，一是雕刻，一是镶嵌，行话称为“卖花”和“卖石”。

镶嵌工艺大约在明代开始应用于广式家具中，到清代吸收了大量西方纹饰和技法而日渐成熟。清代广式家具的镶嵌艺术，深受欧洲金属嵌铜工艺、錾胎珐琅工艺和蚀刻玻璃画工艺影响，发展出平嵌法、凸嵌法、框式镶嵌法和蚀刻玻璃画法工艺，把大理石（云石）、玉石、螺钿、珐琅、陶瓷、玻璃等镶嵌到家具中，将装饰性和功能性结合在一起，形成独树一帜的广式风格，风靡全国。

螺或贝类的壳体，因其内面能在光照下反射五彩光泽，被人们处理成片状，再加工成花鸟、树木、草叶及其他吉祥图案，通过镶嵌或黏合方式施于器具表面，称为螺钿。螺钿工艺据传起源于商周时期，最早用于漆器装饰，唐代则多施于铜镜背面，称为铜镜漆背螺钿。清代家具采用螺钿装饰的做法很普遍，从苏式到广式都有，一般多施于珍贵的硬木家具上，如紫檀家具、黄花梨家具、红木家具等。苏式家具的螺钿多与象牙、玉石、珊瑚等其他镶嵌物搭配使用，称为“百宝嵌”。而广式家具则特别喜欢使用螺钿工艺，椅凳、床榻、橱柜，不一而足，且多为满钿，使之色彩更显富丽堂皇和奇妙典雅。

清晚期摄影作品，展示了西关富商家中的广式家具。

清代黑漆描金庭院人物纹女红桌。女红桌主要由双门柜、针线盒、桌子三部分组成，通体黑漆描金装饰。柜内分大小不一的10个储物格，针线盒装饰与柜子一致，盒内15个隔断大小不一，内盛象牙制线轴、线梭、顶针等女红工具。19世纪，附有象牙针线工具的女红桌是颇受欢迎的外销品。这张女红桌工艺制作精细，兼具女红桌与梳妆台功能，款式受西方文化影响，是中国外销家具中的精品。（原件藏于广州十三行博物馆）

清末酸枝嵌螺钿框广绣花鸟纹插屏。屏心以米白缎为地，满工绣花鸟图案，梅花、菊花、牡丹竞相开放，鸟雀在枝头喧闹争鸣，鸭戏于水中，整幅画面生趣盎然，针艺高超。屏座以螺钿镶嵌缠枝花卉、福禄寿三星、梅花、蝴蝶等纹样，寓意吉祥。

精镂细刻广州匠——木雕、牙雕、玉雕和榄雕

中国的雕刻技艺源远流长，雕刻刀法的运用体现在创作意图上，能创造出无可挑剔的精雕之作。广雕指在广州地区生产的具有岭南特色的雕刻工艺品，包括木雕、牙雕、玉雕、骨雕、贝雕及榄雕等。清代以来，广雕融入西方文化元素，形成构图新颖别致、造型生动逼真、雕功精巧细腻的艺术风格。

广州木雕：神功精造成

广式家具和建筑讲究富丽堂皇，因而广州木雕也以精巧细腻著称。广州木雕多指硬木木雕，分建筑雕刻和家具雕刻两类，前者包括建筑的梁柱、屏风、门窗和栏杆；后者以红木家具和樟木箱为代表，此外还有宫灯及摆件。广州木雕样式丰富，匠人所用的雕刻工具也十分繁多，主要分为毛坯刀和修光刀，还有圆凿刀、平刀和斜刀。一件正常大小的木雕，大约需要35件工具；假如是大型木雕，则需要100多件工具。在长期的发展过程中，广州木雕工匠还总结出了“精、绝、古、神、形、态”六字箴言。留存至今的陈家祠正是广州木雕的集大成者，其木雕种类丰富、精致多彩，充满浓浓的岭南文化韵味。

早在宋代，广州玉带濠一带便是有名的娱乐消费场所。至清初，玉带濠濠畔街已是广州最旺的商业街，尤其以家具制作店居多。那时，紫檀、酸枝、花梨、坤甸等硬木从玉带濠水运至濠畔街，促使这里的酸枝木器作坊越办越多，达数

十家，因而濠畔街又被称为“酸枝街”。

清末，广州地区最有名的木雕店是由广州许氏、佛山何氏和三水赵氏合营的“三友堂”。三友堂制作的木雕以雕功雄浑流畅、刀法洗练刚劲、格调高雅、装饰性强等特点而名扬省港澳。如今粤港澳三地乃至东南亚留存的清末祠堂、寺庙及其他知名建筑的木雕，很多出自三友堂手笔。当时知名的木雕店还有“伍常”和“万全”，也有很多木雕制品出口到海外。

在“广作”中，潮州金漆木雕结合了漆器工艺和木雕工艺，显得十分特别。金漆木雕起源于唐代的潮汕地区，是一种建筑构件装饰艺术，工匠们选用樟木、银杏、冬青、杉木等为原料，在其上以沉雕、浮雕、圆雕、通雕、立体雕和锯通雕等技法进行雕刻，然后髹以生漆和金箔，或贴金而成，整个

著名木雕大师张鉴轩和徒弟陈舜羌共同完成的通雕蟹篓。作品以整块樟木雕刻而成。（左）

清代金漆木雕菱形馔盒。（右）

过程包括凿坯、细刻、磨光、髹漆、贴金等工序，十分复杂。

潮州金漆木雕的最大特点是能在一块木头平面上雕出富有层次感和立体感的图案，这要求工匠不仅具有精湛的雕功，还能够在脑海中想象立体的图案造型。著名木雕大师张鉴轩还曾为北京人民大会堂广东厅设计制作大型的金漆木雕《花鸟》和《鱼虾》。

广州牙雕："关口象牙堆"

广州人对于象牙制品的嗜好可以追溯到秦汉时期，当时认为象牙能够避邪除秽，因而历代海上丝绸之路的舶来品中基本都有大量象牙，由能工巧匠制作成算筹、牙雕等制品。唐代王建曾在诗里记录了广州象牙进口的盛况："戍头龙脑铺，关口象牙堆。"明代，在今解放中路和惠福路交界处形成了一条象牙商贸街。广州牙雕兴盛于明代后期，在清代成为极具地方特色的民间工艺。清代广州"一口通商"后，来自东南亚的象牙全部在广州交易，为牙雕工艺提供了充足的原料。广州牙雕由此获得长足发展，形成了自己的独特风格，工艺水平远超苏州、北京、扬州、杭州，成为全国之冠。

广州牙雕又称"南派牙雕"，注重雕功，讲究牙料漂白和染色，以牙质莹润、精镂细刻见长，整体布局繁复热闹，不留空白。广州牙雕的工艺有雕刻、编织和镶嵌三种。雕刻包括阴刻、隐起、起突、镂雕、染色，以镂雕最为典型，手艺精湛的工匠可以做到牙片薄如半透明的纸，雕镌细若游丝。编织指将经过特殊处理的象牙切割成丝，再编织成扇子等各种器物。镶嵌则是把象牙雕刻与紫檀、犀角、玳瑁、翠羽等巧妙地镶嵌于一器之上，使图案更富于层次。此外，广州牙雕还体现出鲜明的中西合璧风格，其图案纹饰除了花木、山石、龙舟、宝塔、蟹笼等岭南山水景物外，还有叶状纹、贝壳纹及写实折枝花卉等巴洛克纹饰。

广州牙雕大约在清道光年间形成行会，分为“贡行”和“洋行”两种。贡行又称“慎玉行”，主要进行贡品生产和牙雕工匠管理。其产品须先由地方官或海关官员选购作为贡品，其余未中选者可自行销售；洋行又称“怀远堂”，主要从事外贸生产，制作的摆件（象牙球、花舫、蟹笼、花塔等）、日用品（折扇、台灯、烟嘴、笔筒、粉盒、图章、梳具、筷子、牙签、书签、纸刀等）和首饰（手镯、项链、耳环、戒指、别针等），极受西方消费者的欢迎。清末，在行会之外，又有一批自立门户的艺人或自学成才者成立大牙行，即“象牙会馆”。1958 年，广州大新象牙厂成立，该厂生产的象牙球、象牙船、渔翁撒网代表了岭南牙雕的最高技艺。

镂雕象牙多层套球是广州牙雕最经典的作品。牙雕工匠先从牙材中掏出一个球体，在球面往圆心处开出均匀分布的 14 个锥形孔，用直角钩刀在锥形孔中一层一层刻出活动自如的套球，再在每层球面上雕以各种精细复杂的纹样，如百花、龙凤及山水人物等。由于制作繁复，对工艺要求极高，在宋代被称为“鬼工球”（当时可雕刻 2 层套球）。至清乾隆年间，牙雕工匠已经能够雕出 14 层套球。到了 19 世纪，出现了一件象牙球精品，其全称是“镂雕象牙云龙纹套球”，直径约 12 厘米，共 24 层，表面以高浮雕刻九龙穿梭于祥云间，内部则为镂空锦地几何纹样。安放套球的支架如同烛台，同样用象牙雕成，底座为云龙纹，其上是镂雕八仙，中间为一颗雕有 9 层的云龙纹小套球，再上是山水人物，其工艺令人叹为观止。这件作品历经祖孙三代工匠、耗时百年才制作出，现藏于台

民国时期的16层花卉纹象牙球连牙座摆件。16层象牙球外壁饰高浮雕牡丹花卉，镂雕14个圆孔，内层牙球可层层转动。柱身中部饰束腰柱体，底部分两层装饰，上下镂通雕喜上眉梢、祥云蟠龙纹，寓意吉祥。象牙球又称“鬼工球”，取“鬼斧神工”之意，是广州最具代表性的牙雕制品。（原件藏于广州十三行博物馆）

清代象牙高浮雕亚字形开光人物花卉纹名片盒。盒身一面高浮雕牡丹纹饰，居中倭角形开光内饰高浮雕戏曲人物故事，边饰随形雕绳索纹一周；另一面镂雕柳庭人物，居中椭圆形留白开光，四棱透雕西洋花卉。此盒材料珍贵、雕功精巧、纹饰繁缛，具有典型的中西合璧的外销风格。（原件藏于广州十三行博物馆）

清末象牙镂雕双夔龙耳柳亭人物纹瓶。口沿饰镂空网格花卉纹；顶部以镂空六角星纹铺底，浅浮雕柳亭人物纹，两侧饰通雕双夔龙耳；中部和底部由24片梯形牙片与牙条两两镶嵌而成，牙片均采用透雕拉丝锦地浅浮雕技法，内雕柳亭人物；足沿饰菊瓣纹。此瓶用料珍稀，雕功玲珑精巧，是典型的广作牙雕风格。（原件藏于广州十三行博物馆）

北故宫博物院。

广州象牙微雕出现于20世纪初，是广州牙雕中出现较晚的品种，但因其对工匠的技艺要求极高，能于方寸中见天地，也是广州牙雕最具代表性的工艺品之一。象牙微雕的创始人是冯公侠。1932年，他在一粒米粒大小的象牙上刻出孙中山先生遗嘱全文154字，被时人誉为“神眼”。他还在64开纸页大小的象牙片上刻出《共产党宣言》。1941年，冯公侠将《大学》《中庸》《论语》《孟子》四书微刻在象牙扇面上，全文共6万余字，分为288行，堪称鬼斧神工。其子冯少侠也是微雕大师，曾在象牙米上雕出形象各异、栩栩如生的十八罗汉像，令人叹为观止。

提到广州牙雕，清代《广州通志》曾载“谚曰：苏州样，广州匠。香犀、象、蜃、玳瑁、竹、木、藤、锡诸器俱甲天下。”既肯定了当时广州工艺水平高超，同时又指出广州工艺博采众长、兼容并蓄的特点。广州牙雕三绝之一的象牙花舫最初雕刻工艺正是吸收了苏州地区的核舟雕刻技法。乾隆三年（1738年），供职于清宫造办处的广州牙雕名师黄振效参考苏州核舟雕刻了一座高1.7厘米、长5.2厘米、宽1.5厘米的象牙镂雕御船，船身满施镂空雕刻，船首雕牌坊，牌坊后刻有带着9扇可以开合窗户的中空篷舱；此外，还雕了各具情态的3个坐船人和7个船工，并在船底置能左右活动的船舵，十分精巧。这艘船很可能就是最早的象牙花舫，现藏于故宫博物院。

广州玉雕：奇巧心思在其中

玉雕、牙雕和木雕是广雕中最负盛名的三种。其中玉雕是中国最古老的雕刻品种之一，早在距今六七千年的河姆渡文化时期就已经出现玉雕制品。广州玉雕在西汉时已有较高水平，唐代中后期进入兴盛期。广州本地并不产玉，玉雕原料多为来自粤西信宜的“南方玉”，以及从别处运来的玉料。也许是因为玉料不易得的缘故，广州工匠在雕玉时构思精巧、不拘一格，在宋代便出现了“七巧色玉”的雕刻技巧，后又在此基础上独创“留色”技巧，保留下玉料的原色，雕刻出的玉器既精致又生动，充分展现了工匠的巧思。

清初废除“匠籍”制度，兼之广州成为唯一的对外贸易大港，来自全国的很多能工巧匠都汇聚于广州，推动了广州手工艺技术的飞速发展。广州玉雕汲取各地玉雕技术，并横向与牙雕、木雕融会贯通，形成独具一格的岭南玉雕风格。广州玉雕分为首饰和摆件两大类，摆件中尤以玉球、花舫为特色。玉球类似象牙球，工匠克服玉石硬度高、难加工的困难，在玉料上通雕出多达20层的玉套球，并雕刻山水、人物、虫鱼、花鸟作为装饰，厚薄均匀，转动自如。广州玉雕发展到20世纪30年代趋于鼎盛，玉雕业户有4000多家，长寿路、带河路玉器圩，成为我国南方最大的珠宝玉器市场；20世纪60年代末成立的南方玉雕厂，成为传承岭南玉雕工艺的主要基地和华南规模最大的玉器厂家。

当代的广州玉雕原料多选用翡翠，对首饰和摆件采用不同的雕刻工艺。首饰以浮雕工艺为主，包括双钩浅彻法、深浮雕和撞地浮雕法，纹饰多以瓜果、花鸟、龙凤、观音、佛像和福禄寿等为纹样，分为玉镯、光身碎件、花件三大类共100多个花色；摆件常以镂空通雕技法为主，有人物、花卉、鸟兽、瓶罐等。近几十年来，又发明了“巧色”技法，利用玉料的天然纹理和色彩，量料取材，避开裂纹，巧用色彩，使玉器宛如天成。典雅秀丽、轻灵飘逸、玲珑剔透是广州玉雕的风格，这样的“南派”风格使其与北京、扬州、上海的玉雕工艺并列为“中国玉雕四大派”。

榄雕乾坤大，菊生湛盛名

榄雕是果核雕的一种，特指以乌榄核雕成的工艺品，出现的时间不晚于明代，据载始创于增城新塘。新塘盛产乌榄，其榄核个头很大，质脆且具有超过象牙的硬度，细工雕刻不会留下刀屑，很适合作为榄雕材料。增城的榄雕水平很高，到了清代已成为地方官员每年进献宫廷的贡品。榄雕的第一步是选材，根据榄核的大小、肥瘦、曲直、异变等外形进行构思，确定雕刻造型；第二步是锉坯，用锉将原料锉出大致的形状，以便进行下一步；第三步是镂空成型，这是整个工序中最核心也最为耗时耗力的一步，业内有口诀云“下刀如鬼神，定夺死与生，刀尖有力稳，雕出精良品”；然后，再经雕花明线、镶嵌成件、打磨上蜡、上油、装木座，才能最终完成。

据说，历史上最出名的榄雕工匠是清代新塘人湛菊生。湛菊生原本是读书人，因屡试不第，后专心于榄雕创作，技艺驰名省港澳，并远扬南洋等地。清咸丰年间，54岁的湛菊生雕刻出了著名的《赤壁游舫》，再现了苏东坡、黄庭坚和佛印三人并船家共游赤壁的场景。板寸见方的船底，还有湛菊生刻的《前赤壁赋》537字，他还在衣针大小的橹杆上刻“咸丰丙寅年湛菊生五十四岁作”的落款，刀功之精令人惊叹。现代榄雕作品继承传统，运用了镂雕、浮雕、圆雕、微雕等手法创作，有50多种品类，如多层花舫、云龙花瓶、通雕蟹笼、吊链宫灯、花塔、古鼎、国际象棋等。

中国外销银：风靡西洋地

在十三行的外销品名单里，瓷器、丝绸、茶叶最为常见，而以银器为代表的金属工艺品则几乎不见记载。这并非因为中国的金属工艺不好，恰恰相反，当时广州生产的银器是国际知名的高档“广货”，只是没有大批量生产，所以很少留下记录，在国际市场上，它被称为“中国外销银”。

清代，以外销银器为主的银器市场位于十三行商馆区的同文街、靖远街及河南花地一带，那时著名的银器铺有宝盈、Tuhopp、锦成、林盛、新时、侯昌等。欧洲在工业革命之后，银器使用量迅猛上涨，还因此出现了高额的金银制品税。当时的中国不缺白银，人力成本又低，所以广东银器很快便以工艺精湛、价格低廉、质量上乘的优点赢得了西方人的喜欢。

目前已知最早的中国外销银器是一件制作于 1685 年的银

清代银錾刻松竹梅人物纹瓜形双耳罐（铭文：和昌HC）。（原件藏于广州十三行博物馆）

盒，现藏于英国维多利亚与艾尔伯特博物馆。中国银器真正成为外销商品则从 18 世纪开始，可分为四个时期：早期海贸（1785 年以前）、海贸时期（1785—1840 年）、晚期海贸（1841—1885 年）、海贸之后（1885 年以后），每个时期各有特点。

早期海贸的外销银器存世很少，尚未形成风格特征；进入海贸时期，外销银器为满足西方市场需求，仿造西方银器形制纹样，以西洋风格为主，兼有少量中国风格的银器。1841 年之后，外销银器的中国元素增多，广东银匠将中国传统文化中的龙凤、戏曲故事、人物风景、花鸟虫鱼等题材用于银器纹饰，浓郁的中国风情深受西方人青睐。

外销银器的制作工艺包括范模浇铸、锤揲、錾刻、贴焊、镂空、累丝、鎏金、银胎珐琅、模压、镶嵌等，这样制作出来的银器器物造型纹饰极具立体感和真实感。当时西方银器的底部有代表银器成色、产地、年份和制作人的底款，广东银匠不懂其含义，也照葫芦画瓢随意标上，被称为“伪款”。1865 年之后，伪款渐趋消失，取而代之的是中国工匠或银楼的名字字母缩写和“90”“足纹”等字样。

广州作为外销银器最早诞生的地方，在 19 世纪中叶已根据客户群体的不同，将金银器制品商铺细分为“唐行”和“洋货行”。唐行主营首饰、中餐具等中国传统银器；洋货行主营各种西式器具，如怀表附件、大型奖杯、西洋茶具和餐具等。

清代银“陈张李向巡查缉捕”三桅船模（连座）。船模重1724克，通体银质，使用锤揲、錾刻技法。船上各部件一应俱全。船舵舵叶上开菱形小孔，转舵时能减少水的阻力；船帆是传统的平衡四角帆，可以适应风向转动。甲板上共有5门大炮，还有10名官府人员。船尾竖立四面船旗，分别錾刻“陈”“张”“李”“向”，船尾錾“巡查缉捕”。此船模工艺精湛，反映了清代缉捕船的形制，对于古代船舶的研究和外销银器的研究具有比较重要的参考价值。（原件藏于广州十三行博物馆）

外销扇——来自中国的风尚

在 17 至 18 世纪的欧洲上流社会，中国风尚渗透了日常生活的方方面面——花园要有中式亭台，建筑要有中国元素，穿中国丝绸，用中国瓷器，喝中国茶叶，甚至连扇子也以用中国扇为荣。

清代广作外销扇

欧洲人之所以青睐中国外销扇有其独特的文化背景。中世纪以来，扇子在欧洲被女性视为必不可少的服装点缀品，是身份、地位和礼仪的象征，因而价格昂贵。16 世纪，随着东西方航路的开通，制作精美、富有中国趣味而又价格相对低廉的中国外销扇进入欧洲，自然引发了追捧热潮。据记载，清光绪六年（1880 年）中国出口货品清单中，各种类扇子的数量达到 6287989 把，共值银 38881 两。

康熙三十八年（1699 年），英国东印度公司首次在广州订购了 8 万把外销扇，因工艺精美、材质名贵、极具东方情趣而很快销售一空，不仅在欧洲引发了一股中国风潮，也刺激了广州扇业的发展，推动广州制扇作坊数量迅速增长，时人称“城厢扇馆遍东西，花样之多折叠齐”。今天大新路、状元坊、德星路、长寿路一带是当时制扇作坊集中的地方，而且分工十分细致，比如“扇仔行”专做扇坯，“贡牙行”专做扇骨拉花，“牛骨行”专刨骨料，“雅风行”专裱扇面，“仁风行”则专做最后的组装工作，形成了一条庞大的产业链。

清代黑漆描金骨纸本彩绘人物图折扇。21 支黑漆描金扇骨，两大骨嵌螺钿及描金花卉纹。扇面为双面纸本工艺，一面绘庭院山水人物图，另一面为素地纸本，中央绘仕女花卉图，风格清新雅致。这把扇以画功精细的冷色调画面配上金光灿烂的扇骨，冷暖简繁互为对应，多种工艺相结合，富有装饰美。（原件藏于广州十三行博物馆）

19 世纪中叶，广州最高产的制扇人是浩晟（HOACHING），他的店铺位于靖远街 10 号，现存很多外销扇扇盒内盖处都留着他店铺的名称、经营范围和地址。此外，擅长制作象牙扇的 TYSHING 和擅长制作漆扇的 HOUGUA 以及两者兼营的 LINHING 都是名噪西方的制扇名家。

五彩缤纷的外销扇

中国外销扇大致分为折扇和团扇两类，其下又可根据造型细分为不同种类，比如折扇分有扇面的折扇和纯扇骨组成的折扇，有扇面的又分为对称和不对称、普通型和多层型，而纯扇骨的则指团形折扇。团扇有圆形、心形和多边形。产自广州的外销扇与中国传统扇子有很大区别，它们造型丰富，色彩艳丽，工艺奇巧，材质多样，华美无比。

19世纪象牙镂雕扇骨人物纹折扇。（原件藏于广州十三行博物馆）

骨扇：最早的中国外销扇

骨扇（Brise Fan）仅由扇骨构成，用丝带连缀，展开后扇骨相叠自成扇面，这种形制的扇子在中国传统扇中前所未见，是西方来样加工订制的欧洲造型的扇子，骨扇也是存世所见最早的中国外销扇的形制。

骨扇最早出现在一千多年前的日本奈良时代，于16世纪初通过全球贸易航路从日本传至欧洲，由意大利工匠在日本桧扇的基础上创造出扇面可以折叠的骨扇，再被西方商人带到广州。骨扇是目前已知最早的清代外销扇，约在17世纪晚期大量销往欧洲，风行两百多年。

中国骨扇的材质有象牙、玳瑁、砗磲、檀香木、描金漆和金银累丝几种，其工艺集镂通雕刻、金漆彩绘、劈丝编缀、螺钿镶嵌、银胎珐琅等于一体，充分展现了广作工艺的精华。此外还有一种扇面可360度展开的圆形骨扇，但因工艺复杂，价格昂贵，仅在18世纪末至19世纪初短暂生产后就停产了。

象牙扇：外销扇中的“霸主”

象牙扇可以说是外销扇中的“霸主”。中国最早出口欧洲的折扇主要材质便是象牙，从 17 世纪晚期起，象牙扇流行了将近百年，造型、材质丰富多样，几乎涵盖了外销扇的所有品种，包括折扇和团扇。在材质方面，既有纯象牙扇，也有象牙为骨，纸面、广绣、羽毛等为扇面的扇子。工艺方面就更多了，有劈丝、编缀、透镂雕、浮雕、彩绘、油画、镶嵌、象牙骨牙片贴面等。其中，以“牙丝宫扇”最为有名：工匠将象牙以药水软化后，劈成直径不足一毫米的细丝编织成扇。牙丝宫扇是广东独有的地方贡品，有着“南派象牙仙工”的美誉。

清道光贝雕扇骨纸本彩绘贴象牙面戏剧故事图折扇。（原件藏于广州十三行博物馆）

20世纪初檀香木扇骨透雕花卉纹折扇。(原件藏于广州十三行博物馆)

檀香扇：一缕清风一缕香

檀香木虽然在中国的粤、桂、琼、滇、闽有少量分布，但历史上大量的檀香木来自国外。广东是中国最早进口檀香木的地区，也是最早以檀香木为原料制作檀香扇的地区。中国自元代起从东南亚等地进口檀香木；明清之际在广州形成大规模贸易，用以满足“广作”的原料需求。

以檀香木雕刻而成的扇子是17至19世纪众多中国外销扇中的一种。当时，广州的制扇工匠凭借广州作为檀香木交易市场的优势，率先制作檀香扇。檀香扇的种类有折扇和羽扇，其制作工艺与象牙扇接近，有拉花、透雕、镂通雕和彩绘等。檀香木香气浓郁持久，质地均匀细致，所以此扇有“扇存香存”的特点，保存十年八载后，扇起来依然幽香阵阵，沁人心脾。夏令既去，藏入衣箱，还有防虫、防蛀的妙用。广州檀香扇的外销在民国时期因工艺水平下滑而衰落，被苏杭檀香扇所取代。

银鎏金累丝烧蓝扇：不重实用重观赏

在清代出口的众多外销扇中，有一类扇子十分奢华贵重，其观赏性大于实用性，这就是银鎏金累丝烧蓝扇。“银鎏金累丝”和“烧蓝”分别指两种工艺：银鎏金累丝指在银丝上鎏一层黄金，再通过盘曲、掐花、填丝、堆垒等方法制作金银首饰的一种工艺；“烧蓝”即银胎画珐琅，它以银为胎，在胎上用银花丝掐出需要的花纹，再填上透明或半透明的珐琅釉料，经过多次低温焙烧而成。银鎏金累丝烧蓝扇以银鎏金累丝工艺制作扇骨，以烧蓝工艺制作图案，制作过程复杂，成本十分高昂，堪称广州外销扇中的奢侈品。其产量并不高，存世量更少，仅在嘉庆年间流行了很短的时间便停止生产。

清代银鎏金累丝烧珐琅纸本彩绘贴象牙面人物图折扇。16支银鎏金扇骨，两大骨采用银鎏金浅浮雕柳亭人物、石榴、卷叶纹；小骨采用银鎏金勾连纹累丝铺地，饰以烧珐琅花卉纹；纸本扇面，双面彩绘，一面通景彩绘人物官邸家居生活场景，人物面部贴象牙面，立体感强，四周辅以花卉为饰；另一面扇面为同一题材内容。此扇成本昂贵，工艺精湛，风格华丽，集合多种材质和工艺于一身。（原件藏于广州十三行博物馆）

玳瑁扇骨绢本孔雀纹折扇。（原件藏于广州十三行博物馆）

剔透玲珑玳瑁扇

玳瑁是一种生长在热带、亚热带海域的海龟科动物，其甲也叫作“玳瑁”，介于半透明到微透明之间，黄色底色上装点绮丽的褐色斑点，色泽鲜丽通透，很早便被中国人当作奇珍异宝用于制作各种首饰、装饰品和乐器零件等。西方人对玳瑁也不陌生，古代埃及、希腊和罗马已经有用玳瑁制作的装饰品了。

由于玳瑁具有一定的韧性，且本身就有光、色和斑纹美，清代广东制扇匠人便将其用作扇子的小骨，以减地平凸等镂刻手法使其更加玲珑剔透，再与象牙大骨相配，使制成的扇子更加富丽雍容。由于材料获取不易和材质较难雕刻，玳瑁扇在清代外销历史上活跃的时间较短，仅存在于1800到1850年之间，之后便不再生产。

漆骨扇：高调的奢华

以木片做扇骨，经髹漆、涂漆胶、扫金粉等多道繁复工序制作而成的扇，叫作漆骨扇。漆骨扇以折扇为主，工艺十分考究。经过螺钿、雕漆、漆上洒金、退光洋漆等工艺制作而成的漆骨扇，挥扇间流光溢彩，既华丽又生动。漆骨扇大约从 18 世纪末开始销往海外，受到世界各国欢迎。漆骨扇常以黑漆或朱漆为地，以金粉或银粉为颜料绘制纹饰图案，除中国传统的山水、花鸟、人物之外，也有西方来样定制的徽章纹样。漆骨扇在不同时期流行的纹饰不大一样，例如乾隆、嘉庆之际以葡萄藤蔓纹饰为主；道光早期盛行山水动物纹，道光中晚期则多见庭院人物故事题材，其中一种叫作“百脸扇”，以象牙贴片制作人物脸部，再用丝绸剪成人物衣服粘贴于扇面，黑漆描金扇骨，十分华丽。

清代黑漆描金绢本彩绘贴画贴象牙面执扇。（原件藏于广州十三行博物馆）

清末黑漆描金庭院人物纹折扇。21 档黑漆描金扇骨，两大骨以金、红两色漆绘福在眼前、八宝等吉祥纹饰；扇面顶部以庭院人物纹为饰；中部主体双凤纹云头形开光内绘庭院休憩图，中间有椭圆形留白徽章；底部饰西洋卷草花卉。此扇采用描金和堆漆两种技法，画面金光灿烂，立体感强。（原件藏于广州十三行博物馆）

贝雕与贝雕扇：脆弱而美丽

清代广州手工业发展程度极高，各种令人叹为观止的工艺品层出不穷。例如贝壳不仅被广泛用于螺钿镶嵌中，完整的贝壳还被拿来做成贝雕工艺摆件和贝雕扇。工匠在贝壳上或以通雕、镂刻和浮雕呈现富有立体感的图案，或以细细的线刻绘制工笔画，再经过打磨、去污、上色、镶嵌、打蜡等工序方才完成一件作品。贝雕扇除了上述工艺外，还需要将贝壳切割打磨成扇骨，有的还要再结合其他材料组装成扇，工艺更加复杂。贝壳的质地脆薄，且不同品种贝壳特性也有所差异，在制作过程中稍微操作不当就会导致前功尽弃，因此贝雕扇产量极低，留存至今的都代表了当时高超的工艺水平，然而因贝壳制品不易保存，大多都有不同程度的损坏。

清末贝壳骨浅浮雕人物风景图折扇。24 档贝壳扇骨丝带连缀，两大骨剔地浅浮雕瑞兽、人物、瓶花，小骨采用隐起浅浮雕工艺。一面扇面雕刻渔樵耕读、市井人物，画面紧凑，布局热闹；另一面扇面内饰岭南水乡图，辅以缠枝洋花点缀其间。此扇雕功精细，浓郁的东方风情跃然扇面之上。贝类颜色比对筛选难度较大，因而这类扇产量不高，存世量较少。（原件藏于广州十三行博物馆）

清光绪年间的竹柄绣花卉寿桃纹执扇。（原件藏于广州十三行博物馆）

广绣扇：扇面见“针”章

17至18世纪，欧洲先后流行巴洛克风格和洛可可风格，以轻快、精致、细腻和繁复为特点，崇尚豪华和气派。广州十三行的各种外销品充分迎合西方市场的审美，以色彩绚烂、精致繁复、融汇中西为特点，与在国内销售的同类产品大相径庭。广绣扇是广州制扇工匠应海外市场需求，将广雕和广绣工艺创造性融合形成的外销扇品种。从一幅外销广绣扇的小小扇面里，可以对那个时代的风尚略窥一二。以清道光时期的透雕象牙骨缎面广绣花鸟纹折扇为例：在米色广缎扇面上，用五彩丝线双面刺绣了花鸟纹，看似淡雅清净的画面囊括了平针、咬针、插针、续针、扭针、渗针、舒针、勒针、洒插针、转文续针等广绣针法，工艺精湛，低调奢华。

外销扇彩绘：清代中国风情画

清代广州外销扇几乎集纳囊括了所有经典的广州工艺，包括雕刻、编织、镶嵌、珐琅、刺绣、髹漆和彩绘等，其中的彩绘扇面，无论在绘制技法还是在题材方面，都与当时的外销画同为一脉。外销扇的彩绘颜料种类多样，有水粉、水彩、泥金等，绘制技法则在中国画基础上引入西方的明暗对比、透视和色彩晕染，具有强烈的时代和地域特征。在画面布局和底纹装饰方面，彩绘扇面又吸收了广彩的纹饰造型特点，如云纹、卷草纹、折枝花纹、双弦纹、勾连回纹、开光等的运用，使布局丰满而热闹。画面的题材也很广泛，花鸟、山水、人物、神话、传说、建筑、戏曲等无所不及，向西方人展现了一幅幅清代中国的风情小品。

清光绪年间的骨雕扇骨彩绘花卉纹羽毛折扇。（原件藏于广州十三行博物馆）

羽扇：风靡美国东海岸的中国古扇

用禽鸟羽毛制作的扇子称为羽扇，是中国最古老的扇子之一，在魏晋南北朝之前作为礼仪用具，此后出现实用型羽扇，一直流传至今。羽扇通常用鹅毛制成，此外还有雉尾、鹤尾、雕翎、鹰翎、孔雀翎、鹊翅等，以颜色纯白为上品，经采羽、选羽、刷羽、洗羽、理毛、修片、缝片、装柄、整排、饰绒等工序制成。羽扇以柄居中，两边用羽对称，一扇用羽从十几羽到二三十羽，一般以竹签或金属丝穿翎管编排成形。属于不可折叠的平扇。19 世纪中叶，美国是中国外销羽扇的主要市场，当时每把羽扇的价格从 1.2 美元到 13 美元不等。当时美国东海岸的妇女，几乎人手一把广州羽扇。

清光绪年间的黑漆描金扇骨纸本彩绘贴象牙人物纹折扇。（原件藏于广州十三行博物馆）

西洋钟表“广州造”

明代中叶，传教士最早将西洋自鸣钟带进广州。在明末的“广州交易会”上，自鸣钟是中葡贸易的商品之一。因为明末从西方来的第一批传教士，就是靠用自鸣钟疏通广东的地方官员，才得以登陆中国的。

明万历八年（1580年），意大利传教士罗明坚跟随葡萄牙商人来到广州，向两广总督陈文峰献上包括自鸣钟在内的贵重礼物，请求留居中国。陈文峰贪图这些西洋礼物，不顾当时的海禁政策，同意他在暹罗驿馆居住三个月。

明清之际，以“天朝上国”自居的统治者虽然对外国的科学技术不以为意，但对其中的珍奇玩意儿兴趣颇大。例如，明清皇帝都很喜欢西洋自鸣钟，一份清代官方档案显示，乾隆曾经点名要广东洋行买办洋钟表。来自上层的喜好很快促使广州诞生了全新的手工业门类——钟表制作，由广州工匠制作的钟表被称为“广钟”。

中国仿制西洋钟表始于上海。万历年间李绍文著《云间杂识》载：“西僧利玛窦作自鸣钟……余于金陵王太稳处亲见。近上海人仿其式亦能为之，第彼所制高广不过寸许，上海则大于斗矣。”自清康熙后期至清末，在长达两百年的时间里，形成“御制钟”“广造钟”和“苏造钟”三足鼎立的局面。当时的“广造钟”制造技艺已接近当时欧洲制钟的水平。

广州的钟表行最初只是对舶来的西洋钟进行改造。负责采办贡品的广东地方官员和十三行行商延请欧洲的钟表名匠到广州，按照皇帝的喜好和审美改造西洋钟表，比如将表盘

19世纪初期的外销水粉画：广州钟表店。（图片来源：FOTOE 图片库）

的罗马数字换成汉字，把装饰图案换成符合中国人审美的图案，以及加镶各种珠宝等。当时有不少广州工匠和西洋名匠一起工作，后来成为中国最早的一批钟表匠人。

通过长期与西洋钟表匠一起工作、学习，广州工匠渐渐掌握了制造钟表的技术，不再局限于对成品的改造。他们先造出了西洋样式的钟表，后来又结合本土工艺特色制造出新型钟表——广钟。

与结构较简单的苏钟相比，广钟的结构要复杂得多，最多拥有四组机械动力。广钟内部一般装置有若干组齿轮系统，用多盘塔轮或发条带动，能完成走时、打刻、演奏、转花等多种功能。作为装饰的附件，能与做各种动作的人、鸟、兽、花等构成联动的整体。在保留西洋钟走时、打刻与奏乐功能的同时，广钟还添加了一些极富中国特色的创意，如转花、水法、跑船、对联展开、群猴献桃祝寿等。

据说当时广州聚集了一批顶级的钟表工匠，他们制作的广钟内部机芯结构的复杂程度不输西洋钟。在外观上，广钟将岭南特征体现得淋漓尽致，造型多为中式亭台楼阁，还会加装各种体现吉祥富贵寓意的装饰。广钟主要面向国内市场，基本不外销。当时的广钟全国闻名，清宫造办处自鸣钟处的工匠也以广州工匠为主。

广钟不仅可以计时，亦兼具陈设和娱乐的功能。广钟的出现，影响了宫廷御制钟表及其他地方钟表的制作，甚至影响着中西方贸易，最终与广雕、广绣、广彩等一样，成为具有岭南特色的代表性物产。

清同治年间的广彩开光花鸟人物纹葫芦形镶铜座钟。这座葫芦形座钟是由一件用于装饰的广彩瓷改造而成，钟表是后来添置的。上腹开窗绘庭院人物图，瓶肩处对称置两铜鎏金人面耳，下腹开窗绘花鸟蝶纹，正中置一圆形钟表。座钟中西合璧，雍容华贵。（原件藏于广州十三行博物馆）

改变世界的中国茶叶

“茶者，南方之嘉木也。”唐代“茶圣”陆羽在《茶经》的开篇如是说。茶不仅是一杯可以回味中国传统文化的饮品，也是中国历史长河中不可或缺的绿色文化遗产。茶叶成为大宗外销商品是相对较晚的事。在东西航路打通之前，欧洲人没有接触过茶叶。葡萄牙是最早接触到茶叶的欧洲国家，但最早与中国进行茶叶贸易的是荷兰人。

神秘的东方与神奇树叶的组合，让茶在西方引起关注，特别是征服了当时如日中天的大英帝国。珍稀昂贵的茶叶甚至成了两场战争的导火索：一个是英国试图用鸦片扭转在中英贸易中的逆差地位，并以钦差大臣林则徐硝烟为借口发起的鸦片战争；另一个是由波士顿倾茶事件引发的美国独立战争。

荷兰的“中国委员会”

1607 年，第一批茶叶从澳门运至印度尼西亚万丹，再于 1610 年运回荷兰，拉开了中欧茶叶贸易的序幕。当时，茶叶的价格昂贵，但依然深受荷兰贵族和富裕阶层的欢迎，他们甚至将拥有茶叶视为财富的象征。荷兰人将中国的茶器和日本的茶道一并带到荷兰，还发明了一种独特的饮茶方式——在茶中放入砂糖和藏红花，形成了独自一派的茶风。1690 年起，荷兰人在爪哇开辟茶园，茶叶因此得以进入寻常人家，很快荷兰便成为欧洲第一个全民喝茶的国家。

荷兰人不仅自己喝茶，还积极将茶叶推销到邻近国家。从17世纪中期起，荷兰先后把茶叶传到葡萄牙、法国、英国、德国乃至北美地区。18世纪的欧洲人已经饮茶成风，茶叶贸易的巨大利润吸引了英国、法国、丹麦、比利时等国也加入茶叶贸易的行列。他们采取直接对华贸易策略，让荷兰商人产生巨大的危机感。在这之前，中荷茶叶贸易采用中国——爪哇巴达维亚（今雅加达）——荷兰的间接贸易形式，茶叶转运速度很慢。在受到茶叶倾销冲击后，18世纪20年代，荷兰东印度公司开辟了对华直接贸易航线，并在后来还专门成立了负责对华贸易事务的“中国委员会”。18世纪中期，茶叶贸

这幅18世纪的外销画《踩茶图》，描绘了外商在广州采购茶叶的情景。（左）（图片来源：FOTOE 图片库）

绘于18世纪初期的纸本水彩画：十三行茶商向法国人出售茶叶。（右）（图片来源：FOTOE 图片库）

易一度占到中荷贸易的 78.9% 至 89.6%。

英式下午茶和鸦片战争

今天的英式下午茶已经成为英国文化的一个象征，但与欧洲其他国家相比，英国人对茶的接受过程十分缓慢。最初，英国人把茶当作药物售卖，直到 1662 年，带着一箱茶叶嫁给英王查理二世的西班牙公主凯瑟琳·布拉甘扎把饮茶习惯带到英国，在英国宫廷和上流社会形成风尚，后来又传至平民社会，渐渐形成全民喝下午茶的生活习俗。

英国东印度公司 1689 年开启与中国的茶叶贸易。进入 18 世纪，英国对茶叶的需求量呈现惊人的增长速度。到 18 世纪末，英国每年要从中国进口大约 2000 万磅（1 磅 ≈ 453 克）茶叶，大量的白银从英国流入中国。为了扭转贸易逆差，英国人开始向中国走私鸦片，最终引发了鸦片战争。因此有学者认为，鸦片战争归根到底是茶叶战争。

19世纪通草水彩茶叶贸易图。（原件藏于广州十三行博物馆）

茶叶与美国独立

与英国人对茶叶的狂热相反，向来奉行自给自足小农经济的中国市场对英国货没有太大兴趣，而且中国实行银本位制度，只接受白银交易。当时全球最大的白银产地在美洲，英国向中国买茶叶支付的白银，绝大多数来自他们的北美殖民地。

18世纪70年代，随着美洲白银产量的减少和英国本土对茶叶需求量的扩大，如何获取白银成为英国政府面临的问题。当时北美也有饮茶风气，由于英国茶税重、茶价高，北美地区开始向茶叶走私商购买价格更加低廉的走私茶。为了获取尽可能多的白银，英国先后在北美地区颁布《印花税法案》《唐森德税法》《茶叶法》及《强制法令》，不但加收对北美殖民地的进口税，还确立了东印度公司在北美茶叶贸易的垄断地位。这一系列法令引发的1773年波士顿倾茶事件，成为美国独立战争的先声。

潘壶，开紫砂“私壶”风气

19世纪上半叶，一种名为“潘壶”的宜兴紫砂壶精品突然横空出世，风靡一时。明清两代，被国人冠以姓氏泛称的紫砂壶，先有时大彬的“时壶”，后有潘仕成的“潘壶”。十三行行商潘仕成的海山仙馆曾是广东清朝高官接见外交使者和商人的场所，他所用的茶壶都是在宜兴定做的紫砂精品，由于潘氏声名远播，世人遂将这种形制称为“潘壶”。

潘壶壶身圆润，装饰极少，常于盖沿上以阳文篆字“潘”作为落款，整体呈现出大气、简练、明快的艺术风格，按形制分为“矮潘”（壶身扁柿形）、“中潘”（壶身扁球形）

潘壶的设计、定制者十三行行商潘仕成，祖籍福建，世居广州，是晚清享誉朝野的官商巨富。（图片来源：FOTOE 图片库）

和“高潘”（近梨形）三种。潘壶的设计和定制者是潘仕成，其不俗的文化品位和极高的艺术审美令潘壶身价不俗。

据说在潘仕成老家福建莆田，还由此衍生出一个婚俗——在女儿出嫁时必以一潘壶为嫁妆，寓意期盼女子能够旺夫，保佑家族兴旺发达。通常这种随嫁的潘壶并不一定用作泡茶，也有置于梳妆台装发油之用，且在女主人百年之后多作为陪葬物。潘壶如今已是紫砂壶的一个经典品类，但两百年前的潘壶大多随潘家的衰败而流散，目前传世品不多。

广器：十三行外销漆器珍品

中国是漆器的故乡，早在河姆渡文化遗址中就已经出现了漆器。广东漆器最早出现于战国时期，到明清时期达到发展高峰，以潮州金漆木雕、广佛髹漆家具和阳江漆器为代表。

16世纪，广东出产的漆器大量销往欧洲，被称为“广器”，其后又被销往美国、东南亚各地。这一点，从东印度公司1683年的档案里出现一批进口漆箱的记录可以看出，货物清单记录了约在1700年从广州输出三船漆器，“其中大多是当时流行的屏、橱、床等漆家具”。清代“一口通商”时期，广器通过十三行大量向海外输出，成为欧洲人心中中国漆艺的代表。

广器的主要品类有漆屏风、漆箱、金漆木雕、漆盒、女红桌、漆扇、餐桌以及定制的名片盒、信件盒等，采用黑底描金的设计，然后贴金或泥金，描绘出花草树石、亭台楼阁、人物典故、飞禽走兽等纹饰，以反映广州城内风光的题材为主要内容，如赛龙舟、广州十三行风景等，充分满足了西方人对中国的好奇心。还有的外商直接在欧洲做好家具木胎，然后千里迢迢运到广州进行髹漆彩绘后再运回，足见西方人对广州髹漆工艺的狂热。

清代外销画：广州十三行漆器店。（图片来源：FOTOE 图片库）

老城市，新活力

十三行对近现代广州乃至环珠江口城市文化和气质形成的深远影响，囊括了政治、经济、文化、教育、艺术、城市功能以及社会生活等方面。今天，当我们用一系列词汇来形容岭南的文化特征时，会发现它们大多数来自十三行时期。

岭南枕山襟海，中有江河勾连的自然地理格局，不仅赋予其浓厚的海洋文化基因，更注定了它必然成为历代中原王朝观察外界和与外界交流的窗口。存在了长达一个半世纪的十三行，对于中国乃至世界的影响都是深远的。得天独厚的地理条件，造就了开放的人文环境，一旦遇到机会必然涌现开风气之先的人。翻阅清末最早几批留学生名单，大部分是广东籍，其中就有“中国铁路之父”詹天佑、中华民国第一任内阁总理唐绍仪。广州是中国近代史的发轫地，是孙中山领导民主革命的主要活动区域。在这块土地上，曾经发生过许多影响深远的历史事件，产生了一大批杰出的人才，如维新运动的领导者康有为、梁启超，伟大的民主革命先行者孙中山，杰出的资产阶级政治活动家朱执信等，这些近代英杰的出现改变了中国的历史，创造了南粤的辉煌。

岭南文化，源远流长。广东地区相对独立的文化艺术体系，向内封闭、向海开阔的地理格局赋予了它独特的生命力，一脉传承至今。在岭南文化数千年漫长的发展过程中，十三行赋予了它最为鲜明的时代和地域特征，尤其是在艺术和绘画方面。如岭南画派的形成与清代十三行外销画的关系十分密切，其最大的特点是在中国画的基础上融合东洋、西洋画法，自创一格。广绣虽源自唐代，但其形象传神，颜色富丽，宛如油画的质感，是在十三行时期吸收西洋油画中的透视技法和光线折射原理而形成的……十三行为中国工匠和艺术家提供了世界各地的艺术文化资讯，不管是出于商业贸易的需要，

岭南画派的形成，与十三行外销画的关系十分密切。图为岭南画派奠基人之一居廉的画作：花卉四屏之二（上）、之三（下）。

还是单纯地为了追求技艺的精进，都启发了岭南艺术的融合与创新。

随着清代广州“一口通商”时期中西文化的交汇，西学东渐的发展，“开眼看世界”思潮的兴起，广州也变得更加开放和兼容，成了欧洲许多国家工艺品来料加工的基地，成为中国最早的西洋钟制造基地和欧式陶瓷加工基地，水门汀（水泥）加工厂也在广州出现，随之输入的是各式各样的欧美时髦生活方式：电话、电报、电车、自来水等纷纷在广州投入使用。一时间，广州成了中国最时尚、最新潮的城市。广州人说的“东山少爷，西关小姐”，就是在这个时期形成的。出身于西关大屋商贾之家的西关小姐，最早接受欧风美雨的熏陶和洗礼。她们以群体的形象集中体现和代表了时代前进和潮流的方向，她们的服饰、生活方式、社会交往、学识，无不成为当时的时尚标志。这些活跃在各个阶层的新女性——医生、学生、运动员、革命家等职业女性和社会活动家的脱颖而出，代表着广州女性解放的先声，中国女性以独树一帜的形象第一次站

店铺林立的广州十三行。(左)(图片采自《昔日乡情》)

20世纪初期，广州夏葛女医学堂的两位女毕业生。(右)(图片来源：FOTOE 图片库)

到了历史的舞台上。

十三行兴起于特殊的历史政治背景下，整个国家所有对外贸易都集中于一个城市，导致了人财物的集中，继而改变了城市的结构和功能。这种机遇此前未见，也解释了广东地区长达两千多年的对外贸易史中，为何唯有十三行时期在岭南地区的各方面都留下了深刻的印记。

如今，十三行的历史背影虽已远去，但随着“一带一路”倡议和粤港澳大湾区建设的深入推进，将推动岭南城市群进一步融入全球治理体系和经济全球化当中。如今，围绕建设人文湾区战略目标，广州正以深厚的文化自信，推动优秀传统文化创造性转化、创新性发展，坚持保护传承和改革创新相结合、城市更新和产业提升相结合，建设岭南文化传承展示中心、创新发展中心和国际交流中心，推动实现老城市新活力、“四个出新出彩”，以更大的精品生产力度，努力筑就新的文艺高峰。未来，在全球文明的交融与碰撞之中，岭南文化艺术必将绽放更绚丽的花朵。

珠江穿城而过，造就千年商都，孕育出敢为人先的城市精神，汇聚着来自世界的资本财富。在建设人文湾区的背景下，广州也必将筑就新的文艺高峰。

参考书目

1. 杨万秀等主编.《广州简史》. 广东人民出版社 2015 年版。

2. [清] 屈大均撰.《广东新语》. 中华书局 2010 年版。

3. 李权时等主编.《岭南文化》. 广东人民出版社 2010 年版。

4. 曾昭璇著.《岭南史地与民俗》. 广东人民出版社 1994 年版。

5. 曾昭璇著.《广州历史地理》. 广东人民出版社 1991 年版。

6. 鲁迅等点校.《历代岭南笔记八种》. 广东人民出版社 2011 年版。

7. [清] 关涵等.《岭南随笔(外五种)》. 广东人民出版社 2015 年版。

8. [清] 陈坤著.《岭南杂事诗钞笺证》. 广东人民出版社 2014 年版。

9. [明] 叶权等.《元明史料笔记·博贤篇》. 中华书局 2008 年版。

10. 陈国栋著.《清代前期的粤海关和十三行》. 广东人民出版社 2014 年版。

11. 李国荣、林伟森主编.《清代广州十三行纪略》. 广东人民出版社 2006 年版。

12. 李国荣主编.《帝国商行》. 九州出版社 2007 年版。

13. 梁嘉彬著.《广东十三行考》. 广东人民出版社 2009 年版。

14. [美] 威廉·C. 亨特著.《广州番鬼录:旧中国杂记》. 广东人民出版社 2009 年版。

15. 关履权著.《宋代广州的海外贸易》. 广东人民出版社 2013 年版。

16. [意] 利玛窦著.《利玛窦中国札记》. 广西师范大学出版社 2001 年版。

17. 黄佛颐著.《广州城坊志》. 广东人民出版社 1994 年版。

18. [英] 孔佩特著.《广州十三行:中国外销画中的外商(1700—1900)》. 商务印书馆 2014 年版。

19. 黄启臣主编.《广东海上丝绸之路史》. 广东经济出版社 2003 年版。

20. 黄启臣,庞新平著.《明清广东商人》. 广东经济出版社 2001 年版。

21. [法] 让 诺埃尔·罗伯特著.《从罗马到中国——恺撒大帝时代的丝绸之路》. 广西师范大学出版社 2005 年版。

22. 李伟著.《穿越丝路:发现世界的中国方式》. 中信出版社 2017 年版。

23. [法] 老尼克著.《开放的中华:一个番鬼在大清国》. 山东画报出版社 2004 年版。

24. [英] 艾伦·麦克法兰著.《绿色黄金:茶叶帝国》. 社会科学文献出版社 2017 年版。

25. 戎新宇著.《茶的国度:改变世界进程的中国茶》. 上海交通大学出版社 2019 年版。

26. [美] 范岱克著.《广州贸易:中国沿海的生活与事业(1700—1845)》. 社会科学文献出版社 2018 年版。

27. 张晓宁著.《天子南库:清前期广州制度下的中西贸易》. 江西高校出版社 1999 年版。

28. 陈荆鸿著.《岭南风物与风俗传说》. 广东人民出版社 2009 年版。

29. 余婉韶著.《珠江三角洲广府民俗》. 广东人民出版社 2010 年版。